禪修救了我的命

身患惡疾、卻透過禪修痊癒的故事

Meditation Saved My Life

A Tibetan Lama and the Healing Power of the Mind

帕雅仁波切（Phakyab Rinpoche）、
蘇菲亞・史崔-芮薇（Sofia Stril-Rever）——著
林資香——譯

本書讚譽

「帕雅仁波切驚人的奧德賽之旅，在這本非凡的書中被優美地描繪，並激發了如許的靈性勇氣、力量、智慧。這顆珍貴珠寶的光輝，照亮了我們最深切的熱望以及難以想像的可能性。」

——克里希納・達斯（Krishna Das）

吟唱神聖之名者（kirtan wallah）、尼姆・卡洛里・巴巴（Neem Karoli Baba）的虔誠信徒

「帕雅仁波切與我們分享了引人入勝的故事，關於他如何治癒自己在中國占領西藏期間所受的傷；更重要的是，他的故事有力地證明了我們如今從科學中得知的：慈悲會喚醒我們內在療癒身心的力量。」

——詹姆斯・多堤（James R. Doty）醫學博士

史丹福大學慈悲與利他主義研究與教育中心（Center for Compassion and Altruism Research and Education at Stanford University）創辦人與主任、《紐約時報》（*New York Times*）暢銷書《你的心，是最強大的魔法：一位神經外科醫師探索心智的祕密之旅》（*Into the Magic Shop: A Neurosurgeon's Quest to Discover the Mysteries of the Brain and the Secrets of the Heart*）作者

「《禪修救了我的命》告訴我們，我們可以用慈悲克服仇恨，放下然後療癒。帕雅仁波切以清楚明確、鼓舞人心的語言傳達藏傳佛教的核心教義，打開我們的心與心智；他提醒了我，菩薩與我們同在，我

們可以致力於效法菩薩以實現自己的證悟。」

——喬治・皮塔戈爾斯基（George Pitagorsky）

《專案管理、衝突管理與期望管理的禪法》（*The Zen Approach to Project Management, Managing Conflict in Projects, and Managing Expectations*）作者、紐約洞識禪修中心（New York Insight Meditation Center）教師、紐約市教育局（New York City Department of Education）部門資訊長（CIO）

「帕雅仁波切的《禪修救了我的命》是筆觸優美、扣人心弦、激勵人心的故事。一位充滿智慧與慈悲的西藏喇嘛勇敢奮鬥，他甘冒一切風險而戰勝了截肢甚至死亡的威脅，成為了偉大的導師與療癒者。閱讀本書，將重振你對於人類選擇慈悲與勇氣、心靈勝於物質的信念，並使你自己的生命亦隨之發光發熱。」

——羅伯特・瑟曼（Robert Thurman）

哥倫比亞大學（Columbia University）印度藏傳佛教研究（Indo-Tibetan Buddhist Studies）宗喀巴教授（Jey Tsong Khapa Professor）、《西藏度亡經》（*The Tibetan Book of the Dead*）譯者

「帕雅仁波切是一顆珍寶、一位靈性導師，他充滿感染力的喜悅光芒照亮了他進入的每一個空間，充滿愛的、孩子般的歡欣也振奮了他遇到的每一顆心。他的存在，就是療癒的本質。這本精彩的書是一部真正的靈性傑作，由一位智者以謙卑與慈悲來分享的深刻療癒故事。」

——拉瑪南達・約翰・E・韋爾斯（Ramananda John E. Welshons）

《從悲傷與一個靈魂、一種愛、一顆心中覺醒》（*Awakening from Grief and One Soul, One Love, One Heart*）作者

目次

第二卷 願每個人都能聽見喚醒他們的聲音 235

【第一卷】

我不可思議地痊癒了

帕雅仁波切的故事

帕雅仁波切口述／蘇菲亞・史崔—芮薇撰寫

【第一部】

當鐵鳥升空

輪涅自解稚童遊戲般，

心則無生滅矣定日人。[1]

——帕當巴桑傑（Padampa Sangye）

編註[1]：引用自《覺悟者的臨終贈言：《定日百法》》：
帕當巴桑傑大師著，張福成譯，橡樹林，二〇一五年。
以下引用《定日百法》的偈文出處皆相同。

序言：我的命運已定

二〇〇三年十一月二十三日，這天自下午開始，突如其來的一道道閃電刺穿了天空，使得曼哈頓的白天變成了黑夜。接著，陽光從遮蔽的雲層下穿透了我黑暗的病房，宛如命運的徵兆般；也像是一隻大張的眼睛，在這場兇猛襲擊著紐約摩天大樓的惡劣天候裡，毫無遮掩地直視我的痛苦。我掙扎著坐起，身軀被綑綁在一件拱形的金屬束衣中，像龜殼般緊緊地鉗握住我，這件束衣以鋁與聚丙烯鱗片改造而成，有時候緊到讓我幾乎窒息。然而，這種肉體上的折磨卻是必須的，爲了支撐我的脊椎骨，因爲它正在被脊椎結核病啃食殆盡。

我閉上雙眼深呼吸，試圖控制疼痛。那股貫穿全身的突發性劇痛發生在背上，而一陣陣撕裂般的痛楚則出現在我的右腳，它已經因末期的壞疽而變形了；包紮敷藥也無法遮蓋住從化膿傷口散發出來的那股令人難以忍受的惡臭，使人噁心反胃。

轟隆隆的雷聲減弱了，暴風雨逐漸趨緩。一道雨後出現的陽光從窗戶的窗簾間隙流瀉進來，我欣喜地歡迎它溫暖了我的臉頰，耀眼的光芒更帶我遠離下曼哈頓貝爾維尤醫院（Bellevue Hospital），去到非常遙遠的地方。

我悠遊於觀世音菩薩心中散發出來的超自然光芒，祂有一千隻手，每隻手的手掌心都有一隻眼睛；這一千隻眼細心照看著祂竭力救脫的世間苦海。對我們西藏人而言，觀音化身的達賴喇嘛是塵世間覺醒慈悲的化身。我回想他的臉龐以及鮮明的神情，他在對我說話；在我的腦海裡，他一字一句地說出了這天早上傳達給我的訊息，他的話語以強大的信念與定論在我腦海中迴盪不已：「你爲何向自身以外尋求療癒？療癒的智慧就在你的內心，一旦痊癒了，你會教導這世界如何療癒。」

如何療癒？

對像我一樣病得奄奄一息的人來說，這著實是挑戰。我如何阻止在過去六個月中使我的身體消耗殆盡的繼發性細菌感染？根據醫生們的說法是，沒有任何方法可以阻止它擴散；而他們十分肯定。如果我不馬上遵循他們的建議，把右邊膝蓋以下的小腿截肢，壞疽很快就會無法控制，我也會在萬分痛苦中死去。上個星期，他們正式要求我服從他們的醫療協議並準備動手術，否則，他們無法再把我當成貝爾維尤醫院的病患來處理。然而，身爲美國衛生及公共服務部管理的酷刑倖存者計畫（Program for Survivors of Torture）成員，我還是可以繼續從各種專科醫生的治療中受益；感謝這項服務，使得像我這樣的前政治犯可以免費獲得醫療照護、甚至住院治療，那些在公民權與人權皆不受重視的國家中遭受虐待、傷害與不當對待的人們，也得以接受醫療服務。

我的右腳踝壞死，被描述爲「毀滅性的」傷害，正是警察暴行的結果。根據診斷，軟骨、骨頭、組織的腐壞過程是不可逆的，而且因爲進程太快，以至於無法考慮更保守的手術方式；我諮詢了幾位風濕病學家，他們一致同意上述的診斷，我可以看出他們眼中的恐懼與難以置信的神情。

在現在身處的情況下，我如何去承受等待、懷疑或是拖延的後果？我眞的了解病情的嚴重性或這項手術是多麼地急迫嗎？爲我將會診意見從英文翻譯成藏文的口譯員，是否提供了完整的資訊？儘管有這麼多迫在眉睫、讓人憂心不已的勸告，內心的聲音告訴我，不要接受截肢的建議。

爲了澄清想法，我寫信給達賴喇嘛，信中描述了我的問題。我剛從他那裡得到的答案，強化了我出於本能的感受。我不再等待了，我將盡快告知骨科醫生，我已經做出了決定；然後，我將告別自二〇〇三年五月以來始終親切和善地照顧我的醫護團隊。

我的命運已定。

1
綿延的群山峻嶺
陪伴我成長

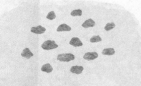

飛向未知的世界

二〇〇三年四月二十六日，星期六。約旦皇家航空的飛機劃破了清晨籠罩著德里市的蒸騰熱氣，逐漸往上攀升，約有十分鐘時間沿著擋住遙遠天際線的群山尖拱飛行。從空中往下看，這座崎嶇多岩的龐大障礙彷彿正逐漸往後退去，但它那山區的景觀，映襯著印度哈里亞納邦的開闊鄉間仍顯突出，彷彿是以一股非凡的意志力量在往上延伸。越過了這道令人驚畏的巨大邊界，就是我的祖國——有世界屋脊之稱的西藏。

綿延不絕的群山峰頂，彷彿是以書法的墨跡在赭土上描繪出一條白線，切開了無雲的天際，形成一道我可以透過窗戶追蹤的隱密軌跡。但接著，我徒勞地別開了頭；這個訊息——如果眞有訊息——已然以迅雷不及掩耳的速度消失於身後，我無法解讀；我的心失落而沉重。我曾經三度冒著生命危險穿越這個充滿巨岩與冰雪的崎嶇地帶，克服無數令人難以置信的艱難困境，掙扎著穿越超過一萬六千英尺的高山，而且是在沒有合適裝備、鞋子、衣物的情況下，被迫連夜趕路以逃離中國巡邏兵的偵察、來到印度的聖地，才得以接受讓心的眞實本性覺醒的智慧法教。今日，我正飛向遙遠的他方，飛向我的命運、飛向未知的世界。

今年三十七歲的我，花了二十年的時間研讀佛法以及歷代印度學者與西藏禪修者撰寫的釋論。在隱蔽洞穴中我進行了漫長的禪修，觀修著充滿愛與明亮光芒的心，那是構成生命輪迴的基礎；但在地理與生物學方面，我甚至不具備中學生的基本知識：我不知道喜馬拉雅山脈是地球上最年輕、最高的山脈，擁有大約五十座高逾二萬二千英尺的山峰。後來我才知道，遠古以前，這些山脈的所在地其實是古老的海洋，被西方的地球物理學家稱爲特提斯洋（Tethys Ocean）；同時科學家相信，四千萬年前，大陸漂移導致印度與中亞地盾間發生了一次奇妙的碰撞，這些版圖之間的交界線沿著布拉馬普特拉河（Brahmaputra River）崎嶇不平的河道路線前進；而這條河的源頭則位於西藏，被稱爲雅魯藏布江，以記念西藏第一個王朝的藏王。

彷彿一支尖錐不停地鑽鑿著，印度次大陸連續不斷的壓力抬升了特提斯洋的海床，於是，西藏雪國就從它的深處浮現了。事實上，喜馬拉雅山叢生的雄偉山峰引發了海上的滔天巨浪，在一場宛如天啓式災難的暴風雨最猛烈之際被石化了，並永久凍結於冰層的覆蓋之下；海水退去後，留下了鹹水湖以及遊牧民族極爲珍視的樹狀珊瑚、珍珠、貝殼，在高原上可以找到很多。小時候，我們找到這些物品時都高興得不得了，它們可被用於我母親製作的珠寶以及穿戴的服飾上。

時至今日，喜馬拉雅山的上升運動仍在持續不斷地進行中。地形學的研究調查顯示，這是恆久不變而且永遠不會停止的運動，每年大約會上升四英寸。我一直可以感受到這股從地球朝天空發展的壓力，當我還是孩子時，我就可以在身體中感受到它；我在不斷延展的群山峻嶺間成長，在那片我放牧成群犛牛、山羊與綿羊的景觀上，可以看到地質板塊這項大刀闊斧的運動。

我還記得極目所見的廣袤、寧靜區域無盡地延伸，突然混入了雜亂、崎嶇的山區景觀。我也記得附近的雅礱江，以萬馬奔騰、雷霆萬鈞之姿與長江交會，再經由崎嶇山壁圍繞的深淵奔流至亞洲的低地。多虧了擺盪於落差上方、有著脆弱木道的橋樑，讓我們得以跨越山壁高處驚人的缺口裂隙；震耳欲聾的聲響聽起來，足以讓不慎逗留於無底深淵上的有勇無謀者粉身碎骨。地底的災變威脅著我們的生命，因為我們對於經常發生的山崩與地震毫無招架之力；但為了將這些災難的影響降至最低，我們的傳統房舍圍繞著整根樹幹堅固結實的支柱建蓋而成。大自然讓我們遭受四大元素的興衰沉浮與轉化，無情地提醒我們無常的嚴厲法則。

當我逐漸遠離我的冰雪祖國時，我回想起佛世尊的教導：

諸和合所為，
如星翳燈幻，
露泡夢電雲，
應作如是觀。

三有無常如秋雲，
眾生生死等觀戲，
眾生壽行如空電，
猶崖瀑布速疾行。

偉大的世界，在我幼小的身軀中甦醒

西藏是神話與傳說的國度。我常常會注意到通俗信仰與今日精密而複雜的科技揭露出的無形現實，是多麼地相似。舉例來說，當我發現遠古時曾讓我的國家沉浸於海中的原初海（primeval sea）理論時，並沒有太過驚訝。祖母告訴過我，雪國曾經被覆蓋於水底下；而在水面上，出現了五朵粉紅色的雲並懸掛於天空，接著變成了五位女神，不但命令海浪消退，更以蓊鬱茂密的常綠森林覆蓋住東部，以翠綠的牧草地覆蓋住北部與西部，還讓南部五穀豐收。任務完成之後，五位女神返回天上，創造出天界的干城章嘉峰（Kangchenjunga）①壇城。雲朵變成的女神，賦予了樹木、小麥、綠草以及最後的聖山生命。這些起源的傳說描述了水的偉大循環，以雲的形狀使大地之母肥沃，然後上升返回天空，在山頂安頓下來，以便再度成爲生命之源。

在未能參考任何現代科學的情況下，世界歲月的記憶就這麼傳承給了我。我幼時的想像力充滿了自然界的偉大，天空、河流、樹木、動物、山脈以及植物，就是我最早的上師；早在學會讀寫之前，我已經譯解出宇宙的語言了。我在十三歲成爲僧人時，才開始學習字母表；但在我的心智畫面及解讀尚未受到任何扭曲之前，我早已得窺萬物的奧祕本質。此外，經文中不是這麼說嗎？佛經的教義精髓教導我們：

即使佛陀並未臨在眼前，
心智健康的人可以聽見天空、山脈、樹木教導佛法。
純淨心靈的眞理追尋者僅憑藉祈禱的熱切力量，
就能看見佛法相生相應。

讓我們得以深入了解自己、他人以及各種現象的祕密極其簡單，就在於理解萬物緊密相連、相互依存、合而爲一的眞相。我遇到許多人活得很痛苦，因爲他們不了解，區別感使他們受苦，他們無法理解外在世界與他們的內在世界是一起生成的。但我始終明白，宇宙生命透過我的生命存活，我最久遠的記憶被喜悅點亮了：那股喜悅是偉大的世界在我幼小的身軀中甦醒。

我的故鄉是歷史西藏的前哨站

我出生在可以俯瞰世界屋脊的高地，位於康區向東的漢藏邊界、四川多霧平原上隆起的冰雪堡壘，爲亞洲帶來最強勁的河流：薩爾溫江、湄公河、長江及其支流雅礱江，江水奔騰流入我成長的那座山谷。②這些河流被群山隔開，坡地密布著蓊鬱森林，南北蜿蜒的河道讓人想起巨龍的曲線；它們兇猛地咆哮著，迴盪著水靈原始的騷動，切穿了地球深處令人嘆爲觀止的深淵谷穴。

我的故鄉是歷史西藏的前哨站。我是知名康巴騎兵的後裔，康巴騎兵在鼎盛時期甚至打敗過唐朝的唐穆宗，在第十世紀將版圖一路延伸至西安——中華文明的搖籃，也是陝西省的前省

編按：○為原註；●為譯註。

①干城章嘉峰是喜馬拉雅山脈東部的一座山峰，也是印度的最高峰，備受大吉嶺與錫金的人民崇敬。

②這些是中文名稱。在藏語中，薩爾溫江被稱為恩古楚河（Ngulchu River），湄公河被稱為大楚河（Dachu River），長江被稱為德里丘河（Drichu River）；同時，藏語的涼曲（Nyagchu）就是中文的雅礱江。

會。這些驍勇彪悍的戰士，臉龐因海拔高度的氣候而顯得歷經風霜，肩上仍沿襲舊例掛著一把槍托由金銀拼接而成的步槍，腰帶上則牢牢繫縛著一把短刃銀鞘的匕首；兩者皆象徵了他們傳奇般的英勇事蹟。傳統上，我家族中的男性都會在頭髮綁上一穗紅線，並以象牙作爲裝飾；他們也喜歡戴狐皮帽，把斗篷右邊的袖子往後擲，斗篷的邊緣則沿著他們的犛牛皮靴垂掛下來。

在中國的統治下，康區被專橫地劃分成兩個行政區，分別位於長江的兩側。今日，往西邊去是西藏自治區的西部，以昌都市爲該區的地級城市；至於東岸的領土，也是我從小成長的故鄉，則被併入了中國的四川省。

我的家人住在一座靠近高城鎮的山谷中，見證了兩世達賴喇嘛「智慧的海洋」（Ocean of Wisdom）[3]誕生：一七〇八年、第七世的格桑嘉措以及一八一六年、第十世的楚臣嘉措。還有兩座頗負盛名的喇嘛寺也在高城鎮，一座是由第一世的噶瑪巴建於十二世紀，一九四〇年代時，他的第十六位繼任者把足印留在該寺的岩石上；另一座則可回溯至十六世紀，第三世的達賴喇嘛索南嘉措。寺廟有部分在一九五六年中國的血腥轟炸中被摧毀，目的在於徹底瓦解康巴人對人民解放軍進軍的反抗勢力；它的遺跡與噶瑪巴的寺廟，都在其後紅衛兵以反對偶像崇拜的怒火掃蕩該地區時被摧毀殆盡。

我童年時最美好的回憶與我的家庭生活密不可分。父親那一方有農民的血統，而母親那一方則有遊牧民族的血統。從歷史角度來看，在西藏社會中，被稱爲「絨巴」的農民定居於山谷中，並在田野裡耕種，他們的活動有別於被稱爲「杜立巴」的遊牧民族，後者喜歡帶著一抹自豪的驕傲這麼說：「我們不是在刺棒下被驅趕的豬群，我們像鳥兒一樣自由飛翔。」

很容易從遊牧民族穿著的厚重毛皮大氅（一種羊皮襯裡的夾克）辨認出他們。在夏季，遊牧民族會帶著他們成群的牲口遷移到高原地帶。在一萬三千多英尺高的地方，草很短，遠不如朝「西藏門戶」康定市下行的康巴地區青山綠水的茂盛草地。康定市標示出上坡（我們的犛牛與大麥高地）與下坡（中國水牛與稻田平原）之間的界線。我們家族會把成群的牲口趕去高海拔地區放牧，在那裡，強烈的日照輻射效果可以彌補植被的稀缺與匱乏，並且藉由加速的光合作用提升植物的營養價值。與世隔絕於廣袤無垠的地區之中，我們家族的遊牧民族圈子仍保有他們千年以來的悠久傳統。

我的父親昆喬克屬於農民家族，在我們谷底一片狹長的土地上耕作。雅礱江留下的沖積土使這片土地富饒而肥沃，山壁吸收了溫暖的陽光，創造出天然的溫室效應；這些有利的條件加上辛勤的農作，使農民得以收穫大麥、小麥、蕎麥，以及蘿蔔、蕪菁、甘藍、馬鈴薯、豆類、

③「智慧的海洋」是直接從蒙古語「達賴喇嘛」翻譯過來的英文字義。

菠菜等蔬菜。感謝強烈的日照加上沒有對農作物造成災害的冰雹，果園可以生長出蘋果、杏子、桃子、堅果。

父親與生活在牧場上的牧羊人社區交易商品，以他的烤大麥或稱「糌粑」（我們的主食）交換肉類、黃油和奶酪。在交易這些糧食時，他認識了我的母親索南卓瑪，遊牧民族的女兒，我們的家庭也因此過著雙重的生活方式：十月到四月之間耕種土地，並安頓在山谷凹陷處的一棟灰石屋；那是一座低矮、長方形、三層樓的堡壘，牆壁為山牆屋頂所覆蓋，山牆屋頂則鋪設了以石板壓住的木瓦。寬廣而低矮的前門可通往穀倉與屋棚，後方則有一道狹窄的樓梯，上樓可通往我們家人聚集的主房間，沿著牆排滿了鋪著毛皮地毯的木頭長凳，我們白天把這些長凳當成座椅，晚上則用來當床鋪；房間裡到處都是樸實的木桌及木架，用來擺放銅製或木製器皿，並存放麵粉、米、水及其他食物原料的盤碟。後來，等到中國政府解除了擁有法器的禁令，我的父母就在樓上擺設了家庭佛堂。父母睡在客廳，祖母有一個以掛在樑上的簾幔隔開的房間，我跟兩個兄弟分享一個二樓的大房間，我的姐妹們則睡在三樓。

我喜歡照顧動物。我和兄弟姐妹負責輪流帶著牲口，在我們的小村莊附近的山谷中放牧；五月初時，我們會去山上的牧場並在那裡野營，直到時序入秋。在夏季，我們會將營地從一個山谷移到另一個山谷，讓成群的牲口可以找到足夠且肥美的水草作為食料。

坐在犛牛兩側的旅程

四月底時，我們開始非常忙碌，因爲我們必須爲動物做好準備，把所有衣物、必需品、器皿用具，以及我們在這四個月中可能會在高海拔地區用上的各式工具打包到行李箱中。隨著啓程的日子逐漸逼近，我們的興奮感也隨之高漲；經過幾天的準備，等到犛牛裝上鞍革、載上貨物，等待已久的那個時刻終於到來。父親會拿來兩個深底的編織竹簍，那是男人在收割時背負麥穗用的；然後他會用皮帶把它們綁緊並固定在犛牛側腹兩旁的木製鞍革上，把我們（弟弟跟我）舉高，一人一邊地安頓在竹簍底端。我們用幼小的雙腳直挺挺地站在竹簍裡，看著整個車隊以犛牛緩慢、有節奏的速度出發，伴隨著鈴鐺聲與口哨聲的悅耳合奏。

當我經過只能留在山谷裡的玩伴身邊時，我是多麼地驕傲啊！我絲毫不顧我最好朋友盧達的感受，他會啜泣地看著我離開，因爲要回到我們在森林邊緣建蓋的小屋，還要等上漫長的好幾個月；我們很喜歡去那棟不受外界打擾的小屋玩耍。布布、尼瑪、羅田帕會跟在我旁邊走一會兒，當他們試圖朝我的竹簍裡丟樹莓或鵝卵石，我就會用一根柳樹枝把他們趕開；有一次，布布甚至雙手各抓一隻青蛙來嚇我，我的尖叫聲淒厲到驚動了父親跑過來把他趕走。

在隊伍前方，母親（還有我妹妹措姆〔Tsomo〕，被吊掛在她的背上）跟奶奶騎在易受驚嚇的膽怯小馬背上，後面跟著三隻搬運帳篷、日常用品及設備的犛牛；在後方，父親、舅舅及哥哥塔姆丁貢波確保我們的牲口繼續前進。我們會帶上大約五十頭動物去到牧場，但這些動物並不全是我們的牲口，有幾隻黑白的綿羊、山羊和犏牛（dzo，犛牛與牛的雜交混種）是鄰居託付給我們帶去牧養的。在有節奏的口哨聲、父親（Pala，父親的藏語是帕拉）與舅舅嗓音嘶啞的呼叫聲，以及四頭巨型獵犬的圍繞下，動物們被驅趕成整齊劃一、依序前進的大規模隊伍。

我還記得一首童謠，以前我的弟弟席拉布金帕（Sherab Jimpa）跟我常常扯開嗓門大聲高唱。在飛越印度上空的飛機上，我含笑著回想起這些歌詞：

抓住野牛角的人
是麥琴倫巴（Magchen Rampa），
用手抓住老虎的人
是薩亞佩肖（Saya Pechö），
用套索駕馭水的人
是宗托格（Zhongthog）毗沙門（yaksha），
建造沙堡的人

是卡拉庫格蒂（Kara Kugti）鳥兒，
用劍刺水、把它擊傷的人，
是水自己，不是別人。
沿著岩石
跟隨野雞蹤跡的人，
是草自己，不是別人。
能生出鳥兒的鳥兒
是蝙蝠。
能下蛋的肉食動物
是鼬鼠❶……

我們被安頓在一隻犛牛側腹的兩端，在竹簍裡面對面地站著，一邊扯開嗓門輪流高歌，一邊做著鬼臉、亂比手勢；有時我會故意去嚇席拉布金帕這個比我小兩歲的弟弟，他會哭出眼淚，但其實他也喜歡假裝自己很害怕；這時候，他會蜷縮在竹簍底端，而我會把他硬拉出來。

❶ weasel 是鼬鼠或黃鼠狼之類的動物，但不會下蛋。

但是要這麼做，我就得用盡全力、緊緊握住犛牛背上的鞍革，把自己硬拖到犛牛的背上；然後我會叫他的名字、打他的頭或扯他的頭髮。有時候，我會滑入他的竹簍中；如果不幸被帕拉看到，他會大聲斥責我，叫我下來跟動物們一起用走的，直到奶奶聽見我的哭聲、前來解救我爲止。奶奶會把我放回我的竹簍裡，一邊低聲咕噥指責父親，說他在虐待兒童，想把我累死！我喜歡在帕拉忙著把偏離行進方向的動物趕回來時嘗試這類把戲，但我記得自己被抓到時是多麼地害怕；另一方面來說，這也使得這樣的惡作劇令我感到既興奮又刺激。

我永遠無法忘懷弟弟席拉布的臉，從犛牛的另一邊突然出現在我眼前的模樣。我仍然可以清楚看見他那柔細的皮膚、胖乎乎的臉頰及輪廓分明的嘴唇；尤其是他的嘴唇，看起來就像是由藝術家熱情刻畫出來的佛陀之唇。他的五官是如此精美細緻、溫柔可喜，就像是來自天界淨土的天人。④我因他而感動、爲他所融化；相形之下，我覺得自己的面容狂野粗礪。我很怕會傷害到他，而且我從來不會以對待玩伴的方式來對待他，因爲我的玩伴都是跟我一樣的搗蛋鬼，當我們在互相爭鬥時，我會毫不猶豫地欺負他們。我們四處胡鬧，興致盎然地玩著使我們流鼻血、渾身瘀青與擦傷、衣服被撕破的遊戲。但是對席拉布金帕，我本能地充滿愛心。我會毫不猶豫地犧牲自己的性命去拯救他。

我的眼打開了，我的心打開了，我的心智打開了

年復一年的季節性遷徙，我們都遵循著相同的路線；然而，我們那種發現新大陸的感受，每年還是一樣的強烈而新奇，每次都是一項新的體驗、一種強烈興奮感的泉源。我們的小隊伍會沿著雅礱江旁的小徑往北直行，在小徑的起點兩側，排滿了一層層的竹林；接著，小徑便在扎根於懸崖的扭曲柳樹樹蔭下蜿蜒向前延伸，繼續穿過一座橡樹林。這些橡樹的樹幹上布滿了各式各樣的青苔，與樹葉上垂下來的一串串淡黃色地衣形成強烈的對比。被蕨類植物覆滿的地面上，則點綴著杜松與杜鵑花灌木叢，多節瘤的樹枝上散落著鮮艷奪目的花朵。當我們走近時，大銀雉偷偷摸摸地逃離，長滿羽毛的尾巴壓扁了高草；兔子則以後腿坐著，從濃密鬈曲的皮毛下觀察著我們；土撥鼠會在我們經過時尖嘯，試圖嚇跑我們，牠們的前腿交叉放在胸前，小圓眼睛則機警地保護著牠們的洞穴入口。

我有些忐忑不安地等著小徑對著幾近垂直峭壁的峽谷邊緣敞開的那一刻到來。小徑被開鑿在一片幾百英尺的斜坡上，峭壁組成了巨大裂口的門戶支柱，而這道咧著大嘴的入口，卻通往

---

④天人或眾神，天生即具備了驚人之美並屬於存在的最高境界。

混沌已極、宛如另一個世界的景致。突出的冰脊宛如波柏岡（Poborgang）山脈的冰河，將巨大的岩石、樹幹、卵石岩屑推入狹窄的雅礱江峽谷中；河流洶湧奔流，捲起宛如泡沫閃電般的漩渦，激烈拍擊著花崗岩岸，轟隆水聲震耳欲聾地讓人驚懼不已，席拉布金帕跟我會蜷縮在竹簍底端、躲在母親給我們躲雨用的羊皮毯下瑟瑟發抖。

隨著我們逐漸遠離雅礱江，小徑也蜿蜒向上、陡直攀升，開始走上一道極爲險峻的髮夾彎。而背負著我們的那隻犛牛，總是有辦法踏著異常穩健而可靠的步伐前進，不論斜坡多麼陡峭，牠從來不曾失去平衡；牠的偶蹄讓牠可以緊緊抓住岩石的地面，這對馬兒來說困難多了。剛開始，河流喧鬧的飛濺聲響蓋住了犛牛不曾間斷的呼嚕聲，但隨著我們穩步前進，響亮水聲也漸行漸遠；當我們抵達第一個沒有任何植被的斜坡，河流聽起來像是消失了。布滿石頭、散落薄冰的田野延亙不絕，野驢在上頭追逐奔馳，有著黃褐色的側腹、棕色條紋的背與鬃毛。我們還可以看到雙角像里拉琴的瞪羚，還有覆蓋著藍灰皮毛的野生綿羊，牠那巨大的螺旋狀雙角總是令我著迷不已；當我們的隊伍抵達時，野生綿羊驚懼地從一顆岩石跳躍到另一顆岩石上，直到消失在這片礦石遍布的沙漠中。老鷹與兀鷹有時會護送我們一起，在因侵蝕而刻成的懸崖峭壁上盤旋。

我們的第一晚會歇宿在這個地區。我仍然可以看見自己跟兄弟姐妹一起跑來跑去、撿小樹枝生火的情景；在這堆火上，母親會放一把茶壺，然後我們會去摘草莓與味道強烈的莓果，混在糌粑中，用它來蘸蕁麻粥，對我們來說著實是樂事一件。每個人都忙亂不已，直到傍晚，因爲我們必須照顧動物，找到最適合的地點過夜，一個由我們的行囊與成堆的犛牛鞍革形成遮蔽的合適所在。第二天早上天一亮，我們再度出發上路，到了傍晚，我們就抵達了極目所及盡是綿延不絕的遼闊地帶；這些景致讓我充滿一種歷久彌新的無垠感受，三十年過去了，但每當我深入回憶時，就重溫了那樣的經驗、那種廣袤無垠的巨大爆發：我的眼打開了，我的心打開了，我的心智打開了。除了我的所見與我的心境之外，當我重溫與自然的偉大合而爲一的這一切，我感到身體與意識的覺知增強了，而且有股深沉放鬆的感受；那一片完好無損的天地、新的一天，以及第一次體驗這一切的那種無可比擬的感受，都深深地烙印在我心裡。

抵達了這些遙遠的邊境，天空看起來是那麼近，席拉布跟我迫不及待地爬出了我們的竹簍，就跟我們爬進時一樣地急切。草地在我們的腳下展開——柔軟、清新、光滑，就像鮮嫩草地之海的皮膚，散發出純眞無邪的芬芳，沒有一絲一毫的危害。這片土地毫無被人擁有、占用及遭受毀損之憂，相反地，它蘊含了豐富的寶藏：藥用植物、尋常花草、紫菀、報春花、虎耳草、龍膽草、罌粟花、毛蓮花（downy lotus），以及許多我叫不出名字的其他花草植物。日落時分，周圍群山的山坡都被暈染上一抹琥珀金與印度紅的色彩；山峰底下彷彿著了火般閃耀著光芒，山巒起伏，點綴著披上陰影的山谷，反射出無數的碧藍倒影。

這片景致賦予了我們滿溢的能量。那天夜裡，我和弟弟會漫無目的地跑來跑去，直到我們喘不過氣，歡喜到像是要爆炸了。我們緊緊抱住對方，在草地上一圈又一圈地翻滾，直到暈頭轉向；然後我們會搖搖晃晃地回到全家人的帳篷裡，並排躺下、倒頭就睡，帶著一種跟天空一樣大的自由感飛入夢境。我仍然珍惜著這段季節遷徙的回憶，我仍可清楚看見我們宛如雙胞胎般，在犛牛兩邊的側腹彈跳著，行經那片蘊含深沉靜默之美、卻早已不復存在的景致。

生命的慷慨與豐盛

這趟旅行僅持續了一天半，但在溫暖的季節中會重複好幾次，以便讓動物們可以在新的遼闊空間裡享受到鮮美的水草。每一趟短程的遷徙都是探索新世界的類似過程，不過整個涵蓋的範圍（以直線來計算）從未超過約十八英里的距離；儘管如此，異常豐富的感受——從與崇山峻嶺對峙或掙扎、到犛牛持久的驚人氣力——充實了旅程中的每一刻。從犛牛的呼吸、溫暖、長時間反芻的咕噥哼聲，以及肌肉的控制運動，我感受到超越我之外的一種充滿創造力的生命本質；我喜歡看犛牛巨大的頭頂兩側拱起的牛角，牠們的骨頭據說跟岩石一樣堅硬，看起來像是托住了天空，向山的神靈獻供。我以無限的感激之情崇敬牠們。

沒有犛牛，我們怎能生存？牠們不僅可以運送我們，還可以連續數天運載價值數百英鎊的貨物重擔；此外，牠們還把肉給我們吃，母犛牛的奶可以提取出黃油、奶酪和酸奶。母親會用牠們的毛來編織，長長的毛絨可織出布料、地毯及繩索，而父親會用牠們的皮革裁切出我們的靴子、皮帶及綁帶，並製作出可以容納我們的帳篷。粗糙的皮革被切割成長條狀並縫在腸子周圍，然後母親會灌入濕沙、封住兩端；經過晚上的霜凍與白天的日曬，它們就會變得跟石頭一樣堅硬。接下來，我們會打開兩端，將沙子清空，使它們變成輕而堅固的管子，用來當成帳篷的樁子。我們甚至收集犛牛的糞便，那可是絕佳的燃料呢。

這些動物教導了我自我犧牲、信心、奉獻、毅力及耐性。我們擁有的不多，而且游牧的生活方式也不鼓勵囤積物品；我們的財物應該保持在可以放進三個行李箱的數量，那就是我們從山谷隨身攜帶到高原地帶的一切了。然而，生命的慈悲善意在萬物中顯而易見。

在某些冬日，我得忍受飢寒交迫之苦。但回想起我的童年，我卻完全不覺得貧窮匱乏；相反地，如今當我回想起那些近乎赤貧的生活條件時，我想到的是我們與大地之母的情感紐帶得以活躍維繫的全盛時期。在我生命中早年的日子裡，大自然慷慨地提供我們的身體所需要的一切食物，更賦予我們的心智無限的信心；我們本著一種豐盛富足與更迭換新的精神安然度日，儘管一貧如洗，我們過得並不艱辛、也沒有任何挫折感。相反地，我們感謝每一天，讓我們能夠充分感受萬物與世界取用不盡、生生不息之美。

願一切眾生具足樂及樂因！

像我們一樣進行季節性遷徙的西藏家庭，過去並未被強迫要定居在某個地方；但在三十年之後的二〇〇〇年代初，他們被迫要安頓下來，被分配到沒有靈魂的水泥住宅區，那是大型地下礦藏進行系統化開採的一部分，這些礦藏蘊藏了豐富礦石以及富含稀土元素的土壤。於是，跟他們的牲口圈圍在一起的西藏遊牧民族，只能豢養業已被政府決定的犛牛數量，這項年度徵收額是根據政府配額所強制執行的法令。在二十一世紀由中國人引入西藏的這個消費者社會中，動物與土壤都只是待價而沽的商品；在利潤的爭奪戰中，它們淪爲僅以持續生產與不斷獲利爲基礎的市場價值。儘管現在我們的知識已經相當淵博，我們仍然無法完全理解礦物資源對土壤能量與孕育植被的貢獻，它們就像我們身體裡的組織與液體。我們會因爲過度開採礦產資源而削弱了地球，在被採礦摧毀殆盡的地區，重新長出來的水草稀疏而貧瘠，品質也不佳。我們的老一輩本能地知道這一點。

我很幸運能成長於一個生命被當成贈禮般歡慶的世界，與人及自然水乳交融、親密交流。自那時起，汙染已擴散至我們資源豐富、滋養萬物的地球各地，從五大洲的河水、海水到我們呼吸的空氣，導致了我們內心深沉的不安全感；失去了根植於生命一體性的本能，使得我們愈發難以找到內心的平靜。在我成長的過程中，我不但能在自己內心、也能在外在的世界感受到大自然的能量；這股能量從我的心往外延伸、達到無限，再以宇宙之愛的振動形式返回到我身上。現在想到這一點，我明白了在我童年的世界屋脊上，沒有任何限制的觀念，我與宇宙緊密相連。在自然規律上與萬物合而爲一，就像我們古老的祈禱一樣，我們爲萬物的幸福表達了這些願望：

願一切眾生具足樂及樂因！
願一切眾生遠離苦及苦因！
願一切眾生不離無苦之樂！
願一切眾生遠離愛憎住平等捨！

世界屋脊在我的腳下往後退

當我被關在監獄時，幾乎每天，我會一而再、再而三地重溫這些高原的回憶，它們賦予我免於監禁壓迫的力量；這就彷彿我小時候所汲取的廣大無垠，在我長大成人的血管中流淌著。中國監獄管理局把我丟進一個既無法站立也無法伸屈的水泥牢籠，專橫地強行剝奪了我的活動，但沒有任何人能阻擋我的心逃離牢籠、逃進無邊無際的天地。

在飛機上，自起飛之後，我從窗戶看到外頭的無垠地平線，蔚藍天空中的雲帶使廣袤動人的遼闊空間成形；但在我第一次搭機旅行時，我注意到，我的視野缺少了一個必要的部分：沒有任何的身體經驗。我可以看見，但只是用我的雙眼去看；我跟天空與雲朵（我所見的事物）是分離的。然而，當我還是孩子時，我就是天空，我就是雲朵，我就是山，我就是草地；我全身都能看見。在生命的廣大無垠中，我親身體驗到浸淫其中的感受。

我們飛過喀什市，身後是無數的雪路小徑，開鑿在帕米爾（Pamir）山脈的花崗岩懸崖峭壁上；這些山脈藉由崑崙山脈與西藏相連，形成喜馬拉雅山脈的西麓，沿著絲路穿越通往中亞的門戶——撒馬爾罕。

我學習這些地名不過距今幾年的時間，當時，我只知道那是世界屋脊的終點。在飛機上的此時，我可以看到它在我的腳下往後退，山頂與陡坡不斷退讓給單調一致、被地中海平靜海水沖刷而成的土耳其平原。我正遠離我摯愛的一切，拋下我知道的每一件事；我不禁疑惑自己何時才能重見喜馬拉雅的高峰與積雪。但我知道，當我眞的重回西藏之時，這片景致極有可能已面目全非；想到被我留在身後的是一個已然不復存在的世界，一股巨大的悲傷淹沒了我。

我想起我的弟弟席拉布金帕。我非常愛他，但我在一九九八年失去了他。在他死前的一晚，我夢見了他；當我走近他時，突然之間，有一道光把他的身體垂直地分成了兩半，右邊白色、左邊黑色。這兩半突然分開並掉落在地上。我驚醒過來，充滿了不祥的預感。

當時，我正在康定市的安覺寺（Ngachu Monastery）引導一場藥師佛的法會；一整天下來，我一直在爲我的弟弟祈禱。到了傍晚，我剛結束，一位僧侶來叫我，說父親要我緊急回電，我已經猜到他打電話來的原因了；果不其然，我被告知了那個可怕的消息：我弟弟在高城鎮郊被一台卡車輾過。父親爲了讓我好過些，試圖讓我相信弟弟還活著，但我知道，那不是眞的。享年二十七歲的席拉布金帕，已經離開他的肉體、前往來世了。

這件事發生在一九九八年。當時從康定市通往高城鎮的道路路況還很差，我花了十多個小時才回到家；我記得，當我回到家時，我聽見了杜鵑的悲啼。據說在杜鵑活躍的季節，若是在一天結束時第一次聽見牠的啼叫聲，是不祥的預兆。我如此熱愛的鳥兒，卻把我與弟弟連結在一起的歡樂、共同的時光及無盡的鍾愛，敲響了終結的喪鐘。他以我爲榜樣，也想成爲僧侶；他是一位出色的修行僧，不但能記憶我們日課中冗長的經文，對藥用植物也有直覺的認識，曾幫忙當地的傳統藏醫（amchi）摘採這些草藥。所有人都熱愛這個始終樂於幫助社區的人，而且他甚至不用努力學習怎麼去做，就會做那麼多事！他被叫去照顧生病的動物、修車、修復電力或安裝電視。他喜歡自己幫得上忙，他對高城寺的重建也有諸多貢獻。

當我抵達時，一群靜默哀思的人們正擠在我家門前。弟弟的遺體躺在一座搭在花園的帳篷下方，穿著僧侶的法衣，蓋著賜福的白色絲綢圍巾哈達。在他頭旁邊的壇城上，點燃著酥油燈與香杜；我的母親也在他身邊擺放了他喜愛的飲食，並在他死後的四十九天，每天都爲他更換新的供品。

死亡的明光

五位僧人已經開始誦念《中陰得度法：中陰聞教大解脫》，引導亡者的心逐漸步入來世的心識狀態。當我走進屋內，僧侶們正開始誦念經文，描述了死亡的時刻。

對於垂死之人來說，身心分離的第一階段可以不同感知特徵來表示。首先，有一道類似黎明破曉時的白光出現，然後閃爍著微光，最後是完全的黑暗。意識的最後狀態，就是在外部呼吸停止時身體死亡的狀態，之後緊接著出現的是燦爛奪目的明亮光芒。習於禪修的人以及已爲死亡做好準備的人，在肉體死亡後仍可在這種明光中持修長達數天之久，這種體驗死亡明光的觀想狀態，一般人或許只能在一彈指的頃刻間匆匆一瞥，但是對於已體認根本淨光（覺醒智慧的本質）的修習者來說，他們會學習如何去維持明光的強度，在死亡時逐漸與明光合入無間，從生死輪迴中解脫；其他尚未銳化內觀者，無法成功地讓自己融入於死亡的明澈之境，就不得不在介於生死之間的中陰界，亦被稱爲巴多（bardo）徘徊上四十九天。

爲了安定、平靜席拉布金帕的心識，並提醒他維持在第一明光之境的重要性，僧侶們正在爲他誦念《中陰得度法》的開頭：

汝金剛上師昔曾教汝，
引汝進入中陰之奧祕？
如汝在生，已由上師傳授此種觀想，汝須憶念，
無一刹那涉及妄念，
一心觀妙明淨，堅固不舍。
如汝正在受苦，切勿沉浸於痛苦所致的感受；
如汝感覺昏沉迷惚入侵心中，
如汝感覺已沉入寧靜黑暗中，
不可屈服於平靜的遺忘，

保持警醒！
往昔被稱爲席拉布金帕的心識，
現將離散不繼，
以心性之力維繫，
汝之心識正從肉體分離，
進入中陰。
訴諸汝之心體，使汝入觀得見。
隨汝跨越生死界線，保持心識完整，
妙明淨光無色無相，
唯一眞空，
迅甚於電，和合無間。
勿因驚惶恐怖使汝卻步，迷失心性，
進入那清淨明光！
且能認知諸幻，皆我自識變映。
消融幻空（Non-being）成爲眞有（Being），大自在故！

少有人等，
在生之時無求得解脫之能，
而可於此彈指之間得到解脫，
據說僅有稍縱即逝的頃刻時間。
其他未能免於驚恐之亡者，
宛如經歷致命打擊，
故而迷失了心神。

我太愛席拉布金帕了。當他剛往生時，他的心仍與我緊密相連；他仍然相信自己還活著，仍然可以感知到他的家人與周遭環境，感覺自己仍然身處其中。當他需要保持高度警醒使自己從中陰解脫出來時，我的悲傷可能剛好會動搖他。因此，我離開了那個房間，帶著碎成千萬片的心。自此之後，我學會了如何控制我的心，但在當時，我只能一頭栽入悲傷與哀悼之中；三天之後，我才克服了震驚並加入火化儀式的祈禱。

之後，我跟其他僧侶日以繼夜地製作擦擦泥佛，我們把席拉布金帕的骨灰跟這些祈願的泥製小佛像混在一起。製作擦擦泥佛可帶來無可估量的好處，讓我們可以獻給我的兄弟；然後，我們在卡車裡裝滿這些小佛像，載往附近的聖牛之湖佐根湖，當作供品，以撫慰、保護，並祝福水神。

來自天空的訊息

在飛機上，當我回想起這些悲痛心酸的時刻，我們飛進了亂流區。我的目光被一團雲朵吸引，奇怪的是，其中的一朵雲形狀就像是一匹馬，風正吹攏厚厚的雲層，形成兩座山峰的穹頂；在這一刻，我怎能忘記那個奇妙的夢——在我弟弟往生四十九天之後，緊接著的那一天，我所做的那個夢？

我騎在一匹馬的馬背上，翺翔於天空中，那是一匹雄偉壯麗、雪白無瑕的純種馬。我可以感覺到我的坐騎輕如鴻毛，我自己也非常輕盈，轉瞬之間就爬上了一座山的山坡；待我爬到山頂時，附近的第二座山峰在我眼前出現，而席拉布金帕正站在那座山峰上，面對著我。他的臉龐在藍天的映襯下，宛如旭日般閃閃發光。我策馬飛奔，馬兒飛越天空，朝他所在的那座山峰奔去；在那裡，他正對我微笑，滿懷欣喜地與我重逢。我的心怦怦直跳，向他伸出手，但就在我即將碰觸到他的肩膀時，他像一道彩虹般，從覆蓋著永不消融的積雪山峰上消失了。

我的馬崩垮在地，變成了一條淚之河，宣洩出從夢中喚醒我的漫長啜泣……但我在夢中得到了撫慰。天馬、雪山和我弟弟的臉龐，全都閃耀著超自然的燦爛光芒；這一切似乎都暗示著，他已經去到了更高的存在境界。

今天，當我飛往美國，席拉布金帕在我看向天空之際，再次出現在我面前。那自行出現、形狀奇特的雲朵，象徵了我們之間存在著超越時空的永恆連結，那是因果業力為我們的生命編織的無形連結網絡。在我看來，我在他死前所做的那個夢，可被視為他為我犧牲生命的徵兆；為了保護我，他黑色的半邊身體為我消除了某些業障。後來，在我遭到逮捕時，我的監禁並未超過三個月，而且我設法逃脫了。如果沒有他，我可能會在中國的黑牢之中，年復一年地承受無盡苦難；又或者，我可能會因虐待與艱苦勞動而死於身心俱疲、消耗殆盡。我知道席拉布金帕拯救了我，而且我們將永不分離。

2

衣衫襤褸的犛牛

我向帕拉致歉

再十小時左右，我的班機就要降落在紐約市了，一陣強烈的鄉愁猛地朝我襲來。我知道這趟飛行在我的生命中劃出了一道裂痕，業力之風將我的命運吹往西方，走向未知的世界。當我的生命方向發生徹底改變之際，我的心對家人以及我的靈性導師們充滿了感激之情——他們把自己能給予的最精華之物傳給了我。他們將曾經是小頑童的我變成勤勉的追隨者：不但是訓練有素的禪修者，而且在內在能量與觀修瑜伽的練習上也有著豐富的經驗。

我要向我的帕拉致歉，把我養大實非易事。我是個狡猾的小男孩，也是詭計多端的算計專家。我很早就在家裡稱王，因爲我知道如何利用莫莫拉（Momola，藏語的奶奶）對我的過度寵溺以及父親對她的孝順與恭敬。我的奶奶因爲中國入侵而吃了不少苦頭，她的丈夫（也就是我的爺爺）和兩個兒子，都在康巴人赤手空拳對抗配有機關槍的人民解放軍時喪生；在大躍進期間，她的第三個兒子在拘留時被酷刑折磨至死，兩個女兒在北京官僚強迫西藏農民種植冬麥而非大麥時餓死；冬麥的秧苗雖然在低地上繁茂成長，卻不適合高地，所以這些秧苗凍僵了，也沒了收成。所有的家庭都被毀了。之後，在文化大革命期間，我的奶奶無法逃脫再教育——駭人的批鬥的折磨；在遭受黨的地方官員人爲煽動的公開譴責，她帶著尊嚴地承受了殘酷的羞辱。我的父親則盡一切可能地幫助她忘卻痛苦的過去，誓言要奉獻給她無限的愛。

艱辛的生活造就了莫莫拉的壞脾氣，她有時會花好幾天時間對自己嘟嘟噥噥、喃喃自語。阿瑪拉（Amala，藏語的母親）就成了她所有苛求挑剔的對象，而且毫無怨言地忍受了所有可怕的指責。這使我深感苦惱，母親遭受的不平待遇使我痛苦不已，我竭盡全力地試圖轉移莫莫拉的怒氣，成功的時候，全家人就會有一個和平寧靜的夜晚，然後忘卻了一切；但是在第二天早上，我會突然被和之前相同的咒罵聲驚醒，這些怒氣的發作可能會持續好幾天，我的兄弟姐妹們也會遭受池魚之殃。但我不僅可以不被殃及，還可以享受好些特殊待遇。有一次，在我們得勒緊褲帶度日的時候，奶奶偷偷地把小糌粑球留下來給我吃，還會給我吃糖果。現在，當我回想起這些事時，我納悶她怎能經常拿到那些糖果。但最重要的是，莫莫拉阻止了父親應該要給予我的幾頓痛打與教訓。

我喜歡把快樂建築在別人的痛苦上。爲此，我跟另外四個搗蛋鬼一起行動，我們從來不知道接下來我們會想出什麼樣的惡作劇。舉例來說，我跟大我四歲的羅田帕以及跟我同年的布布、尼瑪、盧達，會在山谷底鐵軌旁的陡峭斜坡上選好位置，我們的遊戲包括了把石塊推下去，阻礙這條只有一線道的繁忙主幹線上的交通往來；我們四周各種尺寸的石塊應有盡有，當我們擋住一邊的出入口時，我們會上氣不接下氣地四散奔逃，然後再去擋住另一邊的出入口。這麼一來，行人既無法往前行、也無法往後退。當然，人們知道這些石塊不是自己掉下來的；

儘管我們的花招百出，還是有人會聽見我們大笑或大叫，或者看見我們從一個藏身處跑到另一個藏身處。那些認出我的鄰居，經常會跟帕拉通報我的惡作劇；原本和藹又溫和的帕拉，這時就會氣得暴跳如雷，痛打我一頓。

當我察覺自己就要被帕拉痛打一頓時，就試圖驚動莫莫拉來保護我；我會朝她奔去，如果被父親追上，我會喊叫到嗓子都嘶啞了，希望她很快就能聽見我的嚎啕大哭。接下來，她就會揮舞著長長的黃油攪拌器跑來救我；我看見她冷不防從後頭跑出來，總是把父親嚇得措手不及，然後她會開始用盡氣力地痛打帕拉。當然啦，我不會先警告帕拉，而他為了不被敲昏，只好放棄對我的懲罰。這麼一來，儘管肇事的是我，被飽以老拳及無盡訓斥的人卻是他，而我會二話不說地有多遠跑多遠。

幸運的話，父親只會對我比個不明顯的威脅手勢，意思是我就要遭殃了，但這只會使奶奶的怒氣更盛；她怒視著父親，然後把我拉進她的房間。接下來就是一成不變的相同慣例：莫莫拉會抓起兩、三件夏天與冬天穿的楚巴（chupa）①、一條毯子，以及她的一些個人物品，全打包進一條大披巾中，然後把這個包裹扛在肩上，再牽起我的手；這時，帕拉會等在樓梯底下哀求她別走。奶奶會大聲罵帕拉是殘忍的怪物，所以為了保護我，她要帶我離開，他別想指望她過一陣子就會回來；父親則會試圖為自己辯解，哀求她留下來。他們的爭執總是讓我覺得太長又太久，我只想拉著莫莫拉的手往外走，一點也不覺得對不起父親。因此她會理直氣壯地對她兒子說：「你看，你對他這麼壞，他再也無法忍受住在你的房子裡了。你不配當父親！我也不想再住在你的房子裡了，我一秒鐘也無法忍受！」

接下來，我們逐漸朝門口移動，我興高采烈地就要跨出門檻，而帕拉會在此時衝過來擋住我們的去路。奶奶則要求他保證再也不會對我動手，她也會跟他擔保，說向他抱怨我的鄰居都是卑鄙小人，只是在誹謗、中傷我，其實我是最好的孩子，他對我的懲罰太粗暴、太殘酷了。我欣喜地聽著奶奶叨念這些偏袒我的話，等到她平靜下來之後，我會上樓到她的房間，而她總是能變出好吃的東西來安撫我。

鄰居給我起了「麻鴨牛」（Yak Sheldruk）的綽號

莫莫拉的過度寵溺幾乎給了我免死金牌，讓我充分利用了這一點來占盡便宜。如今，我相信父親試圖灌輸我做人處事的道理，是應該被大加讚揚的作爲，我很感激他在莫莫拉不在時狠狠地打過我幾頓屁股。如果沒有他的管教，我會發生什麼事？我不會意識到自己不該去跨越的

---

① 楚巴是傳統的西藏服飾，男女老少都會把楚巴穿在其他衣服外頭。

那條線，也不會意識到自己的行爲會帶來什麼樣的後果。我可能會因爲輕率、魯莽地把石塊亂扔在路上而不小心傷到路人。我十二歲時，羅田帕說服我嘗試抽菸；第一次抽菸讓我噁心嘔吐，所以我們沒去照看成群的牲口。畜群無人看管的後果十分慘重：好幾隻綿羊與山羊被一群野狗殺死，這些黃褐色的野狗跟狼幾乎沒什麼兩樣，相像到你無法區分兩者之間的差別；牠們行事極爲謹慎，也相當令人害怕。但是，如果我們有所警惕與戒備，我們可以毫無困難地把牠們趕走。

那一天，奶奶一籌莫展；我們的鄰居安賽拉因爲丟失了兩頭山羊，煽起全村村民對我們的怒火。他們不相信我們說的任何謊言，因爲我們在所有人面前毫無信譽可言。帕拉爲了懲罰我，叫我在田野工作，但他暗中跟著我察看；有天，他抓到我用中文報紙捲起菸葉做成香菸——羅田帕把那些東西藏在一隻牛角中偷偷帶出來並拴在他的皮帶上。父親在盛怒之下，毫不留情地痛打我一頓，讓我好幾天都無法坐下；不管我如何厚顏無恥地向莫莫拉發誓，說我只是幫羅田帕準備香菸、我是無辜的，父親仍然堅持懲罰我，絕不寬貸。爲此，我永遠感激他。

我也深深感激我的阿瑪拉，我看到她總是因爲我的胡鬧而落淚，我的那些把戲騙不了她。儘管對父親撒謊這件事對我來說不成問題，但我總感覺自己不得不對母親敞開心房、說出真心話；當我的良心困擾我時，我會去向她坦承我又捅了什麼婁子，而她會幫我修復任何可以修復的事物，還會幫我隱瞞帕拉。有天，我覺得自己必須得承認這項罪行：當我妹妹措姆睡在我們的羊群附近時，我用松樹的樹汁把她的眼皮黏了起來。我們當時在一條山徑頂端，她因爲醒來時無法張開雙眼而嚇得魂飛魄散，完全迷失方向地亂跑；我也慌了，我差點就來不及在一座懸崖邊抓住她。母親用溫水與黃油幫措姆清洗眼皮，但她還是掉了一些眼睫毛，而且眼睛紅腫了好幾天。

鄰居給我取了「麻鴨牛」或「破布牛」（Ragged Yak）的綽號，因爲我老是跟人打架、整天都在岩石堆裡混蹭，我的衣服一縫補好，馬上又被撕破了；我跟犛牛一樣襤褸而破爛，一心想掙脫牧羊人的束縛、奔回荒野，一綹一綹的毛髮參差不齊地掛在身上。母親爲了縫補我破爛的衣衫，總得熬夜做活，一針一線、用盡巧思地縫繡我的褲子跟楚巴。我還記得她柔和的五官、歷經滄桑的臉龐，頭髮編成細長的髮辮，宛如絲網般垂落在她的肩上，以閃亮的飾針紮往一旁，一雙鳳眼在酥油燈搖曳的光芒中閃閃發光；她用的大骨針會使她的手指扎到流血，因爲她必須刺穿又粗又厚的材料。但是，她對於我帶給她的這些額外工作，從來沒有半句怨言；她總是一邊誦念著咒語，一邊充滿耐心與愛心地縫補我的衣衫。

我有著脫韁野馬般的旺盛精力。我很早就知道自己跟別人不一樣，雖然我不知道爲什麼，但我本能地知道，我會有截然不同的未來——儘管我無法向其他人解釋這一點。在我內心深處，我肯定有一天，生命會將我帶到很遠的地方，遠離我們的山谷，遠離我的家人；但我從沒想到，那個遙遠的所在會是距離世界屋脊數千英里之遙的另一片大陸。當一個非物質的無形空間展現於我眼前時，我還很小，而我的家人對此也一無所知。

在鷹隼的保護下

一九七一年的春天，當時我才四歲半。隨著那一年樹的汁液首度出現，黎明之前，山谷已然響徹萬物生氣蓬勃的初啼。我可以聽見布穀鳥的叫聲，麻雀、山雀、畫眉鳥的歡欣啼叫，百靈鳥的甜美高歌，喜鵲興高采烈的呢喃聲；還有金額絲雀在杜松上築巢，棲息在可以俯瞰我們農場的岩石山坡上。我正在幫奶奶收拾廚房時，牠們啾、啾、啾……的顫聲鳴叫突然在我的耳邊迴響不已，充滿歡欣與生氣的啼囀蓋住了其他鳥兒的叫聲，那是純粹的喜悅。我站著屏息不動、凝神傾聽，奶奶放下了正在擦亮的巨大銅鍋，慈祥地看著我說：「美妙的鳥兒正在呼喚你呢，我的孩子，跟著牠去吧！」我跑出家門，心中充滿了被賦予自由的喜悅。當我靠近這群金絲雀時，其中一隻有著短而厚的喙以及黃色斑點的羽毛，不停啼叫著並朝著雪松森林飛去；牠飛在前頭，以牠歡樂的啼囀指引我爬上陡峭的坡徑。我越過一座懸崖，爬上一處平坦的岩石面，恢復了正常呼吸；這時，我聽到一種隱密的聲響，拍擊翅膀的聲音，接著是一片靜默。金絲雀已經停止了鳴唱。

我大聲呼叫牠，模仿牠的囀鳴叫聲並冒險繼續前進，但沒有得到任何回應。我舉目四望，夜幕已然迅速落下，我找不到回去的路了；一座懸崖擋住了我的去路，我蜷縮身子、感到懼怕不已，凜冽寒氣彷彿刺穿了我。就在這時，我在暮色微光中看見一隻鷹隼的輪廓，出現在透明的穹蒼之頂；這隻猛禽彷彿劈開空氣，朝我的方向飛來。抵達我所在的地點後，牠在我的頭頂上盤旋，然後降落在懸崖頂端。我讓自己緊緊貼住平坦的岩石，恐懼已經完全消失了，甜美的溫暖和一種無法言喻的平靜感籠罩著我。

但事實上，那是個險惡的夜晚。起風之後不久，天空劃過閃電，接著就是一陣陣的雷鳴。在我上方，岩石正嘎吱作響；而那隻鷹隼用爪子勾住懸崖，移動到更靠近邊緣之處，到了最底端，牠展開了巨大的雙翅，拍擊得空氣沙沙作響。頃刻間下起了大雷雨，但我在傾盆大雨中卻沒有感覺到任何雨水滴落在我身上，那隻鳥兒在悉心守護著我；籠罩在牠的保護光環下，我安然沉睡了。

第二天，照耀在臉上的陽光喚醒了我，我馬上起身，但鷹隼不在了，儘管我仍然可以感受到牠的保護。這隻鳥兒存在我的內心之中，在我心中的天空裡。突然之間，我聽到舅舅的呼喚，伴隨著腳步聲響：「依希！依希！依希多傑！」接著，我聽見奶奶跟父親的聲音。我想回答他們，努力挺直身子，但我叫不出來；儘管我張開嘴巴，卻無法發出任何聲音。於是，我待在原處，平貼著懸崖，陷入沉默之中。當奶奶突然出現在我面前時，她驚呆了，接著如釋重負地尖聲喊叫，知會我的父母與來幫忙找我的鄰居們我在這裡。

那天晚上的大雷雨狂暴至極，他們很擔心我的安危。但在這天早上親眼看到我時，他們跟我一樣驚訝；至於我，我仍然沉默不語，他們認爲這是由於驚嚇過度所致。父親發現我安然無恙時是如此地欣喜，聽起來他並沒有責怪我的意思；母親驚訝地發現我的衣衫與頭髮都是乾的，而周遭的地面、岩石和樹枝全都濕透了。關於那個不可思議的神奇夜晚，一個在鷹隼的保護下、時間暫停的夜晚，我什麼也沒說。

持此諸珍如意寶

在那個晚上，我與我的前世重新產生了連結；直到許久之後，當我這一世的祕密對我揭示時，我才明白了這一點。但是從那之後，我知道了如何呼喚、請求鳥兒的保護。在西藏，有些動物會在傍晚我們要將畜群趕回家時失蹤，這是偶爾會發生的情況；但我們要往哪個方向去尋找牠們？在一片廣袤無垠的大地上，我毫無頭緒。在這時，我會退入自己內心當中，並且「暫停時間」。對我來說，這樣的表達意味著進入一種特別的心智狀態；在這樣的狀態下，我不再傾聽外界傳達的信號，而是全心沉浸於內心存在的空間之中。這種沉思的狀態可以透過禪修而達成，而我後來才得知，這種狀態被稱爲奢摩他❶（shamatha）或「寧靜心」（inner peace）。

我還是孩子時，倘若我成功地在這股本初的寧靜能量中進行創造，我會突然看見一隻鷹隼或猛禽若隱若現地出現在地平線上。由於牠們高貴的展翼與完美嫻熟的滑翔技巧傳達了對我的充分信任，我可以認出牠們；牠們會輕鬆不費力地以靈活敏捷的滑翔方式朝我飛來，翅膀水平展開，翼尖微微下垂。鳥兒逼近我，彷彿被磁鐵吸引；一旦來到我的頭頂上方，牠們會盤旋繞圈，揮舞著羽翅、沿著特定方向飛走。跟著牠們，我總是可以找到那頭走失的動物。

經過了十四年，一九八五年，當我穿越喜馬拉雅山前往印度時，我一直被鳥兒、鷹隼、老鷹、鳶鳥及其他兀鷲拯救。我會跟隨牠們，甚至違背我們的尼泊爾嚮導雪巴人的建議，他有時希望我們走的是完全相反的方向。然而，事件的轉變總是顯示出鳥兒指引我走上的都是正確的道路。

從一九七一年的那天開始，我始終傾聽鳥兒的歌聲，並根據牠們的訊息做出我的決定。但爲了聽見牠們的聲音，我得先在內心創造出無垠的寂靜；矛盾的是，那種寂靜不只是無聲而

❶中文亦翻譯為「止」。

已，就連鳥兒的囀鳴啁啾也不會打破這樣的寂靜。即使在很小的時候，我就能感覺到那種盈滿我心靈的寂靜，遠遠超越了寂靜；它代表了表象之下的心識空間，顯示出世間萬象的無常。

當我們深入到這種專注的程度時，寧靜心包含了生命的本質——在這世界之內以及超乎這世界之外、在我們之內以及超乎我們之外的生命本質。之後，我的靈性導師所說的話呼應了這項經驗；他們將告訴我，神靈會以神奇鳥兒的模樣，對修行者示現祂們自己。就像密勒日巴的道歌所說：

持此諸珍如意寶❷，隨處居住皆快樂！……
布穀聲啼令人悲，難禁漱漱淚滿襟，
雲雀巧唱嬌吟吟，不由心喜側耳聽，
百鳥齊喧共作樂，無有伴侶更快樂！
我此修行快樂歌，願令眾生得普聞，清涼苦惱得解脫。

❷引用自《密勒日巴大師歌集（上、下冊）》：密勒日巴尊者諸大弟子集成，譯者張澄基，財團法人台北市慧炬出版社，二〇〇九年。以下引用密勒日巴的詩文出處皆相同。

3
西藏惡夜

乃至有虛空

飛機中途停留於約旦的安曼，接著再原機飛往紐約市。機艙中燈光昏暗，我把自己裹在毛毯裡、頭倚枕頭，抵著寒冷的窗格。這趟旅程還要再飛十三個小時才會抵達紐約市，還要在天空中朝西方航行十三個小時。我回想起我前世的化身——第七世的帕雅仁波切在火葬時出現的不尋常徵兆。

一九六〇年，他離開了人世的肉體。當時，毛澤東主義者反對偶像崇拜的怒火正熾，猛烈地燒毀了西藏東部大部分佛塔寺廟等禮佛拜佛的場所。我們的山谷儘管與世隔絕，也未能倖免於這些盲目的破壞之舉。帕雅仁波切是阿什寺（Ashi Monastery）與高城寺的法座持有者。這些原本用來庇護數千僧眾的喇嘛寺，當地官員不但完全遵照中國共產黨的指示將其拆除殆盡，還藉由執行這些破壞的工作從中獲利；舉例來說，這些地方官員會將寺廟中歷史悠久的桁樑變賣換成現金，把它們變成中國政府的軍營或建物使用的木材。佛像也先被拆除取下了，有專門的團隊從佛像裡取出珍貴的寶石，那原本是由僧侶在裝臟中填放進去的；還有文物遺蹟、成捲以金墨寫成的精美咒語書法及香粉。①然後，覆蓋於佛像外表的鑽石、綠松石、青金石和其他各種珠寶，都以鉗子與鑷子摘拔下來；於是，沒了眼睛的頭臉、被褻瀆的軀體，以及被強行取下的物件，會根據其金屬性質來分類，金、銀、銅及青銅工藝文物被堆放到不同的箱盒裡。最後，一隊隊軍用卡車裝滿以褻瀆手段從世界屋脊巧取強奪來的寶藏，經由康定市運回中華人民共和國的鑄造廠。

當這些事件發生時，前世的我❶正遭到中國人民武裝警察部隊的追捕。於是，他躲入貢布尼池山人跡罕至的洞穴避難；他所有的儀式法器、文物用品、佛經佛典、袈裟法衣等都被褻瀆毀壞了，於是，他就像密勒日巴一樣，獨自在洞穴中進行禪修，除了他的智慧寶藏以及他對眾生無條件的愛之外，身無長物。

儘管他的姐姐遭受了可怕至極的折磨，但她從未透露他的藏身之處；她被當局懷疑為他提供新鮮的補給品，所以她也被囚禁起來，打算讓他就此被餓死。中國共產黨把喇嘛視為只能依靠他人供養而存活的寄生蟲，被當成是現代社會的恥辱，讓這些喇嘛餓死正是愛國的表現；但是，他們沒有考慮到這些偉大上師的韌性。這些偉大的上師精通「秋練」（chu-len）閉關修行法，也就是他們的斷食齋戒。

藏語的秋練，字面的意思是「攝取精華」，用以稱呼幫助修行者在斷食期間度過頭幾天的

①西藏佛像中，會被裝滿珍貴的物品，譬如神聖的咒語卷軸、寶石、香粉、雪松木屑和珍貴的藥丸。這些神聖物品會被密封起來並作為祭祀之用。

❶即第七世的帕雅仁波切。

藥丸——一種花粉與花瓣的混合物，摻入金、銀、銅、去除毒素的汞、神聖的泥土與聖物，並充滿了製作過程中爲其誦念的無數咒語與祈禱所賦予之能量。在閉關的二十一天中，禪修者剛開始幾天在早上、中午、晚上各吞三顆藥丸，後來在修習變得更深入、禪修變得更純淨時，就只需吞服一顆了。

瑜伽修行者的訓練使他能從心中往宇宙的各個方向，散發出充滿愛與慈悲的彩虹般七彩光芒。這種非物質的無形光芒，吸引了地、水、火、風、空等元素的基本振動，也聚集了覺醒的眾生、星球、自然神靈的完美能量，以及有情眾生與世界智慧的美妙特質。修行者觀想光流經他纖細的神經系統，就像是一條閃閃發光的五彩河流。這純淨的智慧甘露擁有維持身體運作的力量，賦予禪修者至喜感受，並使他的心靈清澈無比。在剛開始修習時，以濃縮於藥丸中的能量來支持身心運作是必要的；但訓練有素的修行者，到後來就可以不必服用這些藥丸，因爲他們可以直接吸收流經心中的元素產生的能量。

在中國占領西藏之初，中國當局欣然接受喇嘛因斷食齋戒而倖免於難的消息，這與其教義相符，如此一來，他們就不是利用他人的工作成果來存活。但是，中國後來又禁止了這樣的修習，說它「對國家來說是一種恥辱」；持有秋練藥丸成了「一項反革命的狡猾罪行」。從此，這種藥丸就不復存在了，也不可能製作它們。由於我的傳承可回溯至偉大的聖人與瑜伽修行者帕當巴桑傑，而他的秋練修習是直接傳承自金剛亥母，因此，第七世的帕雅仁波切能藉由藏身於山洞中斷食的方式存活下來。

就這樣，第七世帕雅仁波切有將近四年的時間成功逃離中國警察的追捕，他曾說以他對長壽修習法的所知，他可以活上一百歲；但考慮到當時在西藏東部瀰漫的恐怖統治氛圍，他覺得給家人帶來了無法承受的警察騷擾與暴行，因此，他決定提前離開肉體；他也要求家人與追隨者停止為他誦念長壽祈請文。一週後，他就往生淨土了。他的姐姐在洞穴中發現他圓寂坐化，身體已然僵硬；於是，她祕密地安排了他的火葬。參與儀式的人們描述，風先將煙霧吹往東方，然後再推往西方。依循往例，這些徵兆都會被有條有理、一絲不苟地記載下來，因為喇嘛的靈魂會利用這些跡象來指示他下一次轉世會在哪裡被找到。而這一世的我，正是出生於前世的我火葬之處的東方；如今，我則被因果業力帶到了西方。

傳統上，喇嘛上師被稱為仁波切，有「珍貴」之意，而正是他們的重生過程使得他們如此珍貴。他們並非生來就像一般人，無止息的生存渴望是出於滿足自私自利的欲望所驅策；真正的喇嘛已經達到一種心識層次，讓他們得以躋身於開悟者離苦得樂的天堂淨土。但他們自願而且自覺地決定重返人世、化身為人，為的就是傳達讓有情眾生得以遠離苦與苦因的教誨。這就是第八世紀時，印度聖者寂天的祈願涵義，其後第十四世達賴喇嘛於一九八九年獲頒諾貝爾和平獎時，在奧斯陸當眾吟誦，後來又於二〇一四年在華盛頓特區的美國國會前，再次吟誦：

乃至有虛空，
以及眾生住，
願吾住世間，
盡除眾生苦。

大地塗香敷妙花

飛機進入了亂流區。現在，我已經知道空氣是透明、不可見但稠密的氣體混合物，也知道了讓飛機得以飛越天空的物理定律；但在當時，我有種漂浮於虛空之中的不快感受。我對這種交通運輸方式深感疑惑，它跟我熟悉的車、船截然不同；後者是在地面與水面的實體物質上前進。我無法回答我自己的問題，因爲我對空氣抬升事物的能力或者空氣是什麼樣的堅實元素（儘管它看起來並非如此）一無所知。

顛簸變得愈發劇烈，水從我的杯中潑灑而出，孩子們哭了起來，我本能地開始持咒，祈請我的守護神綠度母②。四周逐漸平靜了下來。從窗戶看出去的銀白夜晚，讓我對繁星照亮的穹蒼讚嘆不已。在西藏被入侵前的十年，世界屋脊中許多已臻智慧巔峰的智者，在禪修中都看見了相同的異象：太陽逐漸變得陰暗，而漆黑的夜晚——痛苦之惡夜——宛如鉛塊般沉重地在西藏落下；然而在此之際，也有無數的明星升起，照亮了地球表面。他們的結論是在不久的將來，佛陀的教誨將會在西藏沒落，但不會從人們的記憶中消失；當時機到來時，將會啓發全世界。

在二〇〇三年，這些異象看起來就像是預言。篤信宗教的虔誠西藏已然消失，但西藏的精神激勵了全人類。一九五九年三月十七日，十四世達賴喇嘛不得不逃離雪域、踏上穿越喜馬拉雅山山隘的旅程；他無法帶上宅邸布達拉宮裡的任何財富，但他擁有慈悲的珍寶以及世界屋脊古老智慧的寶藏。毛澤東甚至動員戰鬥機追趕他，試圖在喜馬拉雅山的雪原掃射他，結果完全徒勞無功。當中國人民解放軍的領導人獲悉尊者在三月三十日抵達印度時勃然大怒，毛澤東聲稱，中國贏得了戰爭卻失去了西藏。西藏跟達賴喇嘛一起出走了，達賴喇嘛從流亡開始，就不曾停止向全世界散發他的靈魂。

②度母是金剛乘佛教（Vajrayana Buddhism）中的女性菩薩。她被視為諸佛之母，能顯現二十一相，代表證悟與保護，與白度母皆備受崇敬。

我想著這一切，不知不覺睡著了；醒來時，我發現雲層中已經籠罩著破曉的曙光，稀疏四散的薄霧覆蓋住北美大陸的海岸。因此，當我的眼睛第一次眞正看到西方時，我看到的是燦爛輝煌的日出、新的一天。這趟飛行終於到了尾聲，前往未知世界的一段過渡時光；意識到這一點時，我試圖想像未來，但我無法預見自己的未來會發生什麼事、有什麼在前方等著我，彷彿在我眼前展開的只有一頁空白。

我到底對美國有什麼了解？我不是以物質的方式來理解這世界，而是以象徵的方式，表達於我每天誦念的奉獻祈禱之中：

大地塗香敷妙花，
須彌四洲日月嚴，
觀爲佛國作供獻，
有情咸受清淨剎。
貪瞋癡相應，友敵與親疏，
身及諸受用，不吝盡施捨。
祈請歡喜受，開示眾生我，

免受三毒苦。
我向您獻上珍貴曼達，尊貴的上師啊，
願諸有情共享此淨土。

我第一次遇見美國人

以上這種對地球的理想化美景，就像是投射在空性天空中的一幅立體全息圖。在藏語中，宇宙（universe）叫作祭天（jig-ten），字面之意是「易朽壞世間的支撐」；宇宙是一個容器，承托著生命因生老病死而「易朽壞」的眾生。就此而言，在這個宇宙中既無美國、印度、中國，也無西藏之分。有四大洲或說四大片陸地，從世界的軸心須彌山周圍翻騰的宇宙海中出現。人類住在南瞻部洲，他們深受覺者賜福庇護的生存之境是藍色的，蓮霧樹是這裡的象徵，豐碩果實如雨點般落下，這棵神奇的樹可以使人們的願望成眞。這片樂土上的居民可以活上一百歲。這幅在《阿毗達磨》③中描繪的景象，旨在使修行者的心覺醒爲智慧的能量；它的實相在於內在宇宙的心靈空間，與我們從外太空拍攝的宇宙無關，也不是我們用來把火箭送上月

③《阿毗達磨》是論書的一種，根據佛陀的教義描述並分析世界。

球、把衛星送入軌道，以及讓飛機環繞整個地球的知識。完成這些事情需要的是物質世界的外在科學，像是物理學、天體物理學、地球物理學。當我飛越天際時，我意識到我所知有其局限，那是我直至今日仍然深感有待跨越的鴻溝。

爲了幫助僧侶適應現代文明，達賴喇嘛在印度南部的僧侶大學開設了科學主題方面的課程，但我無法享受這個受教的機會，以至於當我在二〇〇三年四月二十七日這一年要降落在美國時，我還無法在地圖上定位美國（藏語叫亞瑞，Ari）的位置。事實上，我從來沒看過任何世界地圖。在座位的椅套上，我看到一本雜誌上有地圖，興味盎然地研究了一會兒，但因無法辨識羅馬字母或理解其中含意，我很快就放棄了。

我十歲時第一次見到美國人。當時，有兩個蓄著鬍鬚的巨人背著他們的背包，在我們的山谷裡徒步旅行。西方人鮮少會冒險來到這裡，因爲交通不便；我們遠離道路，因此也遠離了文明。我當時大聲地呼喚我的朋友盧達、布布、羅田帕：「英吉（Inji）！英吉！英吉！」在藏語中意思是「英語」，也是我知道意指外國人的唯一一個字眼。我們停下手邊的遊戲——跟兩隻剛出生的小羊羔玩耍——好奇地盯著這兩個特別的人看；即使他們是來自另一個時空，我們的印象也不會更深刻了。這兩個面帶笑容的人用破碎的藏語跟我們解釋，他們是亞瑞米，也就是美國人。我們都目瞪口呆，幾乎半個字都說不出來，目不轉睛地盯著他們看，直到他們消失在遠方的山林中。在他們離去之前，羅田帕鼓起勇氣大喊：「扎西德勒（Tashi delek）！」④又高又瘦的那個外國人轉過身來，遞給他一包有著強烈薄荷味的口香糖。盧達很快就把這塊不能吃的奇怪糖果吐了出來，它可以一直被嚼到沒味道爲止；我則把我的這一塊保留了好一陣子。我會把它借給席拉布金帕，晚上則把它黏在我的床底下。我們都被那個人的姿勢迷住了：當他往下拉開他夾克裡頭的口袋拉鍊、又往上拉起，拿出口香糖。因爲，我們的穿著只有對襟的衣服與皮帶或布帶。因此稍後在那天傍晚，我把這次遭遇告訴了我那深感懷疑的母親：我宣稱看見亞瑞米，他的衣服是用一條水銀般的蛇來繫緊的。這就是我第一次接觸美國文明的經驗。

第二次再見到美國人則是數年之後了，那時我已是一名十六歲的僧人了。在一次前往拉薩的朝聖途中，我遇到了幾位亞瑞米，他們的笑容使我鼓起想跟他們交談的勇氣，但是他們不會說藏語。那些日子，我暗地裡懷抱著前往印度夙負盛名的寺院學習哲學與禪修的夢想，那是在佛陀出生的國家、流亡土地上被重建起來的寺院。我暗自揣想，一旦我成爲學者與偉大的修行者，我也許就能去到像美國這麼遙遠的國家傳授佛法；但這對我來說，似乎更像是一場夢。即使它眞的能實現，也要花上好長的一段時間。

④扎西德勒意指「吉祥如意」，是一個類似「你好」的歡迎詞。

當鐵鳥升空

二十年後，這一天終於到來。帶著些許激動與感傷，我想起了達賴喇嘛。他鼓勵我前往美國佛法中心任教，他在達蘭薩拉的私人辦公室甚至幫我支付了前往美國的機票費用；而透過康楚仁波切（Khamtrul Rinpoche，我的大圓滿上師之一）的介紹，他的學生邀請我前來堪薩斯城的利美佛教中心（Rime Buddhist Center）。我在腦海中不斷覆誦著堪薩斯城這個地名，宛如一句咒語；這些字的發音對我來說頗困難，我更愛把它念成「康薩斯悉地」（Kamsas Siddhi），如此一來，這個遙遠、未知的地名聽起來就像是我的出生地康區般熟悉。我把「城市」（city）的發音錯念成「悉地」（siddhi），後者意指在空中飛行、穿過岩石及在水上或火上行走的神奇靈力；這些全是瑜伽修行者在規律的苦行修習之後發展出來的能力。這兩個我無法正確發音的字，就是我對目的地所知道的一切了，而且我無法書寫或辨識它們。事實上，我只認識藏文字母以及一些北印度語，我也無法用西方的語言寫出我自己的名字。

當我想到這一點時，我不禁莞爾於自己竟然這麼有自信；我的心中沒有任何懷疑的餘地，到底是純眞還是天眞？但我寧可說，那是因爲我已經可以無條件地接受生命中發生的一切——或說是佛教徒所稱的因果業力。因此，我在二〇〇三年四月二十六日搭上這班從德里出發的飛機，前往未知的目的地，在一句英語都不會說、也幾乎身無分文的情況下，卻片刻都不曾懷疑過我將如何活下去；我全身上下的財產加起來一共是一千二百印度盧比，折算起來約爲三十元美金。我也沒有行李箱，只隨身攜帶了一個承裝僧衣、盥洗用品及祈願經書的手提袋。

我手裡抓著信封，裡面有堪薩斯城利美佛教中心寄給我的邀請函、達賴喇嘛的私人辦公室核發的推薦信，以及正式承認我是第八世帕雅仁波切的證明書；這封證明書由達賴喇嘛簽署，並由西藏流亡政府蓋上雪獅印信加以認證。這些文件，就是我的「芝麻開門」魔咒，讓我得以通往那個在前方等待著我的未知世界；但是，當時我只有這些原始文件。若是現在，我會影印備份；但在飛機上時，我完全沒有想到這一點。這些西藏的文件以及它們的英文譯本，連同我以西藏難民身分在印度取得的護照，都放在以無酸紙製成的信封裡，以彩色錦緞襯套覆蓋；那份蓋有阿育王獅子印章的鮮黃色護照是全新的，我也在一張紙上寫下了廷禮的電話號碼，在我搭乘另一架飛機，再次啓程前往堪薩斯城之前，他預計會在紐約接待我幾天。

我飛往北美的航班象徵了西藏喇嘛的命運。自從我的國家被占領，將近半世紀以來，最偉大的上師們都繼達賴喇嘛之後紛紛逃離了西藏；他們知道在世界屋脊，他們的信仰無法倖存，因此他們選擇流亡到印度——佛陀出生的國家。當時，保存偉大的瑜伽士與轉世修行者的傳承至關緊要，他們是唯一能確保佛法可以被正確弘揚與持續傳授的人。傳統的西藏曾經有過四千多個轉世，但是自一九五九年起，西藏自治區就沒有認證過任何新的轉世傳承了。

達賴喇嘛從一九六〇年開始流亡之後，就十分鼓勵將佛法傳往西方。在達蘭薩拉，他對佛法有興趣的西方人開設了課程，讓他們成為首批得以翻譯並傳達佛法——長久以來被隱密地保存於寺院中、不容褻瀆的佛學知識——的西方人士；一九七九年，印度政府一同意發放簽證給藏人，昆敦（Kundun）⑤就飛往美國了。就像他，就像噶瑪巴以及藏傳佛教四大派的高僧，就像我之前的許多人，如今輪到我踏上前往紅人國度的旅程了。這不啻實現了第八世紀蓮花生大士的知名預言：

當鐵鳥升空，
當有輪子的鐵馬在地上奔馳，
西藏人民將會像螞蟻般散落世界各地，
佛教將會弘傳至紅人的國度。

迦梨紀（Kali Yuga）的黑暗時代

在佛教的經文典籍中，像是《大乘入楞伽經》（*Sutra of the Descent into Lanka*）或是《明鏡》（*Clear Mirror of Prophecies*），我們可以讀到佛陀在前往吉羅娑山（Mount Kailash）途中

所說的話：「我現在的弟子 蓮香⑥（Lotus-Perfume monk），在未來的紅臉人之國（即西藏）將成爲一位叫宗喀巴（Lobsang Dragpa）的僧人。」

從歷史上來看，西藏人在改信佛教之前，被叫做「紅臉的野蠻人」；在缺乏氧氣的高原上，血液的確會快速地湧上臉頰，使得臉頰呈現朱紅色，這被認爲代表美麗與健康。此外，世界屋脊的女人也有以羊血搓摩臉頰使膚色變亮的習慣。

奇怪的是，佛陀的預言實現了兩次。在佛陀的時代，被稱作「紅臉人」的是西藏人；此時，佛陀的預言指的是佛法在回教入侵印度後流傳到雪國，而上述發生在十一世紀的事件，摧毀了恆河流域偉大的僧侶學院。時至今日，西藏喇嘛流亡的故事卻見證了佛法弘傳至另一個「紅臉人的國度」，也就是北美；因爲北美的原住民——美洲印第安人也被認爲是「紅」人。蓮花生大士的預言，在我們這個充斥著飛機（鐵鳥）與汽車（有輪子的鐵馬）的時代也得到了驗證。

⑤昆敦是第十四世達賴喇嘛的稱謂之一，意為「尊前」（presence）。

⑥He who, today, is my follower, the Lotus-Perfume monk：引自法蘭索娃絲・王（Françoise Wang）《宗喀巴大師》（*Djé Tsongkhapa*）（Paris: Editions Détchène Eusèl Ling, 2000）版本新的英文翻譯。

這些徵兆，都被涵蓋在對迦梨紀黑暗時代⑦的概括性描述中。在末法時期的「黑暗時代」——意指我們當代的世界，靈魂被強烈佐料的效力腐蝕，也就是顯示我們靈性力量正在墮落腐化的物質；性與金錢是我們這個頽敗衰微的時代中最大的執迷，藏語稱之爲泥杜（nyidu）或「殘餘的時代」（the age of remnants）。覺醒能量在眾生心目中被貶抑的結果，使得他們尋求並重視這些「殘餘的事物」；換句話說，被前幾個世代視爲不值得且卑劣的事物，被古代聖賢智者認爲厭惡、可憎的物質主義，在我們的現代世界卻受到如此珍視，甚至被視爲是一項基準與唯一眞理，結果就是意義的失落，導致佛經中描述的「五濁」：命濁，壽命變得短促；眾生濁，特徵是汙染造成的元素與食物之衰滅；煩惱濁，以愈來愈暴力的方式來表達；見濁，哲學信念迷失於錯誤之中，異說紛紜；最後是劫濁，隨著無法治癒的新疾疫爆發，我們也經歷了退化與衰敗。

蓮花生大士告誡我們，當五濁惡世到來時，布達拉宮將不再是白蓮尊者達賴喇嘛的住所，而他正是我們人類世界中覺醒慈悲的化身。一個臉上有疣的軍閥（後來被確認爲毛澤東），在他的鐵腕統治下，雪國將會被徹底摧毀並籠罩在腥風血雨之中。

然而在西藏，就像太陽在黃昏之後無法被看見、但在清晨又會再度出現，我們相信，我們在雪國的痛苦惡夜即將過去；在充滿喜悅、嶄新的一天，昆敦將重現於故土，西藏人也將收復祖國。西藏傳統房舍的屋頂都有天窗，我們只要有耐心，就會再度看見太陽，等待太陽回到我們心中！但是目前，我們正在受苦，因爲達賴喇嘛住在遙遠的國度，流亡到喜馬拉雅山的另一邊。在這些苦難已極的黑暗時期，美國已成爲數百萬藏人的避難所。

就像我之前的許多人，我也即將踏上紅人的國度。當我們進入紐約市的領空，遇上了更多亂流，我們越過了疾風區，機翼因突如其來的陣風而搖晃、傾斜了幾米，但此時，曼哈頓的輪廓已在地平線上隱約可見；在這脆弱而虛幻的摩天大樓城市景觀前，我像是在做夢。當風一陣陣地吹拂，一塊塊平坦的土地突伸出來，形成了牙買加灣滿布星光的潟湖上多個尖峰狀突出。這就是我飛越了半個地球的漫長旅程終點。在這二十多個小時的飛行途中，我始終讓自己安住於內心當中，全神貫注於思緒，幾乎不曾飲食，只有在航程中起身過一次。在這段我得以看見前所未有的地球與天空的時間當中，大部分時候，我都沉浸於一種巨大的和平、寧靜感受之中。但有一件事是可以確定的，我並未預料到在前方等著我的災難。

我怎麼會知道自己已經病入膏肓？

我又怎麼會知道自己已經來到了生死存亡的關頭？

⑦根據梵語經文，迦梨紀是世界會經歷的四個階段中的最後一個，跟惡魔迦梨有關，迦梨意味著「爭吵」或「衝突」，更廣泛地指稱我們文明的衰亡與墮落。

【第二部】

倖存

生老病死大河無灘橋，

舟船已備妥否定日人？

——帕當巴桑傑

4
酷刑倖存者計畫

安全抵達紐約市

波音飛機一降落在約翰・甘迺迪國際機場的跑道上，我便解開了安全帶。這趟旅程終於走到了盡頭。我等著輪到我起身，但在我試圖站起來的那一刻，右腳踝突然出現一陣劇烈的灼痛，把我的腳平放在地板上遂成了極為痛苦的動作。我試圖用手勢跟空服員溝通，讓他知道我需要他幫忙把我的物品從行李儲物箱中取出；我不確定他是否了解我的意思，但他好心地幫我把衣袋拉出來，袋子因為我的教本——祈願經書——而變得更沉重，這些經書的書頁以雕刻小木板固定在一起並以錦緞覆蓋。我是最後一個離開機艙的乘客，以緩慢而痛苦的步伐穿越一排又一排的座位走出去。

雖然安全地抵達了紐約市，我卻只有一隻腿可以支撐、行走。當我穿越延伸往無盡迴廊與通道的寬敞大廳時，我蹣跚而行，強迫自己克服疼痛；是我不尋常的僧侶裝扮？還是我搖搖晃晃的步態？甚或是我臉上無法控制而流露出來的痛苦神情？行色匆匆的旅人轉瞬即過，神情緊迫地盯著我看；他們有些人走過時對我露出微笑，我也察覺到有些人對我投以同情的眼光，但我顯然太奇怪也太不一樣了，沒有人跟我說話。至於我，我正因那折磨我的痙攣而心煩不已，彷彿我的腿被壓碎了，同時又因吸引了他人的注意力而深感侷促不安。我看到一個印第安家庭，他們在飛機上坐在我鄰近的走道位置；他們牽著年幼孩子的手，正在緩慢地向前移動。我試著讓他們保持在我的視線範圍內，跟在他們身後直到通關查驗。在海關人員面前，因爲擔心被禁止進入美國國土，我盡力不流露出任何情緒與表情。

一抵達航廈，我開始意識到自己對這趟旅程的準備著實不足。這座巨大的機場，彷彿讓我初次體驗了美國的滋味，那是規模宛如大陸般的國家。我沒有進入這個空間的鑰匙，這個空間是根據我完全不熟悉的事物邏輯規畫出來的：到處都是標誌、象形圖示、箭頭、以顏色編碼的廣告牌。我了解它們組成了傳達信號的方法，這套邏輯讓我印象深刻；所有的設施與場所都展現出極爲強大、有條有理的組織系統，顧及了所有最微小的細節，一切都滿足了功能上的非凡要求。即使我無法解釋它的意義，我仍然可以感受到在這套接待體制背後令人難以置信的運作智慧；一切似乎都已經被預料到、在計畫中、也都被標準化了——除了我之外的一切，除了這個走路一瘸一拐的西藏喇嘛，連一個英文字都說不出來，卻想找出他該走的路。在這套體系中，我是一個活生生的怪人，我內心暗自嘲笑著自己出現在這裡，是多麼地奇特而不可思議……一時之間，我甚至忘記了自己的疼痛。

就在我驚愕的注視下，一大群人在我周遭自由來去；每天可能有成千上萬的人來到這裡，自信而迅捷地以令人印象深刻的輕鬆自在，在這裡穿梭自如。正如我現在已經知道的，這座機場每天可以容納平均十萬名旅客。二〇〇三年四月二十七日，我在美國度過的第一個星期天，我停下腳步，凝視著所有來自另一個世界的旅客，他們來來往往，就像電影裡的人物；我有種奇特的感受，彷彿見證了我自己的人生！我空降在對我來說如此陌生的現實之中，以至於它看起來像是一種外來的、宛如是被投影在螢幕上的事物！我迷失方向的奇異感受是如此地強烈，如果不是劇烈的疼痛一直把我帶回現實，我可能早已失去了現實感。在我踏上美國國土的最初時刻，竟是我那再也無法負荷的右腳，讓我意識到我的存在！

沉浸在這個宛如清醒夢境的幻覺之中，我突然聽見有人在說中文。一個女人尖銳急迫的聲音，與不間斷的單調廣播聲響形成了鮮明的對比；她正以不容辯駁的語氣與她的對話者約定一場會面。多麼幸運的巧合啊！這裡竟然有人說著我熟悉的語言。我站在她前面對她呼喊，她先是給了我狐疑的一眼，然後突然明白了我是誰：一個承受巨大苦難的西藏喇嘛，因爲國家被中華人民共和國占領而前來美國尋求政治庇護。她意識到我因人生地不熟而深感苦惱的處境，同意幫助我；我的口袋裡只有一些盧比，我也不知道要怎麼打電話給那個預計要來機場接我的朋友。她微笑著把她的手機借給我，幫我撥了號碼，而且並未提醒我要長話短說——因爲手機通話費很貴。

讓我大大鬆了一口氣的是，廷禮勒夏馬上接了電話；事實上，他正在等待我的去電。我跟他解釋了我的狀況，由於我的腳無法踏在地上站起身來，我需要他來接我並且有人跟他一起扶我行走，然後，我告訴他可以在哪裡找到我。通完電話，我感謝了這位不知名的中國女人，她的善行補救了我這趟毫無準備的紐約之行。至今，我仍然滿懷感激地想到她還有我的中國鄉親們，他們蒙受的苦難並不亞於西藏人，他們的人權亦深受北京政權侵犯。我看到一個舒適的座位，於是我在那裡待了一個多小時，等著廷禮來接我；被形形色色外國人迷住的我，並未注意到時間的流逝。

我們花了四個小時才抵達廷禮在布魯克林的家。因爲沒有錢搭計程車，我們換乘了幾次的火車與地鐵。我靠在廷禮身上，他還帶了兩個朋友安瞻與阿索克一起來；廷禮又高又瘦，安瞻十分矮壯。他們兩個使盡全力撐住我的肩膀，阿索克則幫忙提著我的行囊。最困難的部分就是上下地鐵的台階了，每一步都是意志力的勝利。四月下旬的紐約天氣嚴寒，雪片厚厚地飄落下來；我有些驚訝地發現，人行道與馬路上噴灑著鹽。我在薄衣下瑟瑟發抖，我的裝備更適合在印度高達華氏一百度的溫暖季節中穿著；我的耳朵則因疼痛而嗡嗡作響，我得停下來好幾次，免得昏厥過去。

廷禮住在一間面積一百八十平方英尺❶的公寓中，他在這裡收容了十一個流亡的難民。

❶約五坪大。

他不幸的同伴們最近抵達了紐約市，倘若沒有他的幫忙，他們只能流落街頭；我什麼也不用解釋，他們一看到我，就都明白了我遭受的嚴酷折磨。在抵達這片流亡之地時，他們也忍受了絕對的孤寂並接受了外國的震撼教育；而我除了這些之外，還得面對疼痛而傷殘的虛弱肉體。他們的團結與善意沉默而真誠，深深打動了我的心；我多麼高興能說我自己的語言！跟他們在一起，我又找回了一點點的西藏。

毯子和墊子靠著前門旁的牆壁堆放，我被安置在一張狹窄的沙發上，那是這間公寓中唯一的一件家具。廷禮與阿索克借我一個枕頭把我的右腳墊高，現在它已經腫脹異常了。我們分享了簡單的一頓飯，主食是糌粑；這些人並不怎麼健談，彷彿他們要把能量儲存起來以面對一天的挑戰。我感覺我悲慘的到來激起了他們的回憶、思鄉情愁，以及與被拋下的家人分離的痛苦。廷禮與洛桑跟我一樣來自高城鎮，他們問了我幾個問題，關於我們共同的熟人。接著，經過簡短的交談以及因這個狹小空間而需小心挪動的姿勢，他們默默地打開毯子並鋪在地板上。這時已經是晚上十一點了，大部分人都很快地進入了夢鄉。

儘管我已經筋疲力竭、也已累垮，但我還是無法入睡；即便躺著不動，右腳踝往外蔓延的疼痛仍然讓我不得歇息。有些人大聲打鼾，我旁邊有個二十多歲的年輕人正在做夢，而且在夢中驚嚇地大聲哭嚎；顯然他之前也是政治犯，經歷過中國的牢獄以及集中營。這些噩夢在監禁結束後還會持續很長的一段時間，人們往往被縈繞不去的暴行、可恥而羞辱的對待記憶糾纏；那些暴行對人類尊嚴的侵犯是如此可怖、痛苦，幾乎沒有任何言語可以形容。

鈴聲在凌晨四點半時把我驚醒。楚臣與卡桑在黑暗中準備好要出門了。每個人都根據自己不同的出門時間，安頓在盡可能接近門口的位置；首批離開公寓的人，得花三個小時才能到達他們工作的公司，清潔摩天大樓的窗戶。接下來的兩小時內，其他人一個接一個起床；七點時，整間公寓已經空無一人。廷禮最後一個離開公寓，他是建築工地的藍領工人，留了一些麵包、一碗糌粑和一個保溫瓶的茶給我。我右腿的腫脹仍未消退，帶來一陣陣突然發作的劇烈疼痛。把右腳放在地板上是如此地困難，以至於我寧可用膝蓋爬行到浴室旁的水槽——那距離我僅有幾英尺之遙。

我想保持樂觀並相信這樣的痛苦不會持續下去。我的右腳踝已經承受了三年的慢性疼痛，但這次疼痛的劇烈程度更甚以往；不幸的是，這次的發作就在我需要全力以赴之時。但它爲何不像之前的發作一樣，逐漸消退？這只是需要時間與耐心。過了這個星期，一切就會沒事了。我告訴自己，一旦我抵達堪薩斯城，我就會去找美國醫生看病，他們會知道如何診斷出問題，並且把我治好。

我一生當中已然經歷了不少艱難處境：貧窮、飢餓、疾病、毆打，以及在監獄中遭受的身心折磨。我有多次瀕臨死亡，尤其是在徒步穿越喜馬拉雅山且沒有攜帶任何裝備時；每一次的創傷經驗，都在測試我的身體與心理極限。感謝西藏文化與西藏人對因果業力的信念，我成功地承受了難以容忍之事，像是置我於囹圄的野蠻暴行以及我遭受的酷刑折磨。我從未因此而誤入心理扭曲以及轉變成受害者心態的歧途，生命的困境強化了我的韌性。在三十七歲時，我已經歷了無數逆境並培養出無畏的心態；至少，這就是我的信念。因此，懷抱著樂觀的信念，我就這樣在紐約市度過了初訪美國的頭幾天。

在廷禮位於布魯克林的公寓

爲何我這次的情況跟以往都不一樣呢？

疼痛並未減輕或消退。廷禮給了我一些消炎藥與止痛藥，那是牙醫爲牙痛開立的處方藥；但這些藥只能給予片刻的舒緩，我身體裡那種被撕裂的痛楚很快又回來了。一個星期過去了，然後是第二個星期，我半步都沒踏出過公寓；我的同伴帶回食物，然後我幫他們打理好晚餐。在這四面牆壁的範圍內，我可以感受到周遭城市的能量；儘管我只在抵達時略略一瞥，看見一排排令人嘆爲觀止的摩天大樓，沿著一格格筆直的街道整齊排列。

廷禮住在布魯克林富蘭克林大道上一棟十五層樓的普通建物一樓。從唯一的窗戶看出去，只能看見牆壁被更多的牆壁包圍，穿插著可上下推拉的白色格窗；金屬階梯沿著外牆曲折盤旋，使直角的建築鮮活了起來。跨越街道的一堵空白牆壁上，覆蓋了一層又一層的漆黑灰塵；汙染使得碳形成上挑與下撇的筆觸，宛如手寫書頁般緊緊黏附於外牆上。儘管這裡的居民已對這面牆視若無睹，但它宛如坦率直截地描述出二十一世紀初的黑暗時代，讓人一目了然；我凝視著這面「黑暗而沉靜的導師」——這是我們經文中的一句藏語，因爲這些事物是永遠不會發怒的沉默導師——它能教導我什麼呢？

爲了窺見一小片天空，我得把頭伸出那扇小小的窗戶。因此，我對環境的感知僅限於噪音與聲音，而且學會了如何辨識、解讀聲景——彷彿我是盲人。每隔一段固定的時間，地鐵的隆隆聲響就會使地板、窗戶及牆壁產生震動；不論白天還是黑夜，警車與消防車的尖銳警笛聲無時無刻不響徹雲霄。每當刺耳的警笛聲響起，伴隨著劃破紐約天際的飛機與直升機的振動，總是讓我想起猛烈的狂風；我聽過它在高空就像這樣淒厲咆哮，毫不留情地進擊喜馬拉雅山的山脊並造成山崩與冰雪，狂暴地將冰峰的結冰水瀑連根拔起。

在晚上十點到清晨五點之間，外頭的汽車與公車的行駛節奏並未減緩，幾乎和白天如出一轍。在建築物裡，隨著電梯上上下下，滑輪的噪音也沒有停止過。我也會聽見人聲說著我無法理解的語言，先在街上響起，進入建築物後在樓梯間迴盪；這種英語聽起來不像我以前在印度聽過的那種英語，紐約市的聲音聽起來不像德里一樣帶著快活的傳染力，而是帶著很重的鼻音以及大聲驚嘆的重音，音調的變化對我的西藏耳朵來說，頗爲陌生而奇特。

我帶著幾分驚訝地看著外頭地面上的通風口。它們不斷散發出灰煙，而這些灰煙又是來自地底深處以及鑽挖進地底的無數隧道之中。在西藏，我們會注意不去驚擾地底的神靈；建蓋房子或廟宇之前，都會舉行好幾天的儀式，對棲身於地底深處的無形神靈進行奉獻。在這裡，人類的意志不但將地表與地底皆占據爲其殖民地，更意圖征服太空；但我來自截然不同的文明，我們探索的是內在大陸的無形領土，溝通的是無形的對象。在無法行動、疼痛難當的日子裡，被幽禁在布魯克林的公寓中與世隔絕，我發現了巨大都會的喧囂擾嚷；就像盲人，我從內心來來回回地探索這個城市，以我強化的內在感官去觸摸、解讀它。

在這些地方，大自然的生活是否已被逐出了？沒有任何的鳥鳴聲。唯一非人工的聲音就是雨滴聲。我專注在雨滴微弱的潑濺聲響，讓它與我最珍貴的回憶共鳴；我閉上雙眼，讓心沉澱，回想我的一生：我五歲、六歲、七歲的時候……在一場傾盆大雨中，席拉布金帕跟我躲到我們的竹簍底下，在犛牛的側腹彈跳著。在安靜思忖的狀態下，我的頭躲在羊皮下方，一邊傾聽著雨聲；我把羊皮綳緊了，讓它像一面鼓皮般放大雨滴的沙沙聲響。我是在喜馬拉雅山的山徑上，還是在紐約布魯克林的柏油路上？有時候，我也分辨不出來了；在這些時刻，深受恩賜的永恆感受是如此強烈，遠超乎我們尋常感知所圍繞的日期與地點這些標界。彷彿是遙遠的從前，卻又像是此時此地；這種混淆感也是一種極大的安慰，讓當下得到了擴展。時間與空間隨著這些思緒混合，每當下雨時，水在天與地之間永恆地牽引著思緒，讓我得以再三回味這些懸浮在空中的時刻。

地鐵、警笛、飛機、巴士、行人總是把我帶回現實，帶回紐約這個象徵西方的城市；我爲業力之風吹落於此，而當這陣風刮起時，沒有人能夠抗拒它的吹拂。我驚訝於自己仍可感受到童年時曾經有過的相同感覺：在世界屋脊之巔，你可以感受到地球的動量（momentum），往上拔升直達天際。我很小的時候就感受到它那無與倫比的力量，後來，我在流亡的山徑上——當我進入喜馬拉雅山緊箍的掌握或說與其展開無止盡的奮戰——又感受到它的存在。當時，我體驗到大自然幾乎讓人無法承受的原始力量，宛如恫嚇著要置我於死地；因爲在如此不宜居留的極端高度下，人類顯得渺小又脆弱。

在紐約市，我可以感受到另一種形態、但同樣令人敬畏的力量：致力於征服物質的智識力量。在這裡，意志凌駕了一切，它將這座城市捲入了一場瘋狂的競賽；紐約市這座忙碌的人類之海，永遠沒有停下腳步的一天。它永無止盡地膨脹，成了一連串巨大的碎浪。我待在孤寂的小公寓中，聲景迴盪著熙熙攘攘的喧囂聲響，使得心靈始終處於緊繃的狀態，渴求行動與無法抑制的滿足感，充滿高漲的動力。紐約客總是匆匆忙忙，但是他們急著去哪裡呢？他們又到底急著去做什麼呢？

從早到晚，這座城市一直在引誘它的居民，要求他們來來去去、做這做那、行動、製造、生產、完成、執行、著手進行、出發、再出發、勇於挑戰、領先、奔跑、開車、拿走、奪取、緊抱、抓握、捕獲、拖拉、吸引、占領、擁有、根除、移除、壟斷、征服、劫掠、侵犯、沒收、利用、占便宜……這所有的一切而沒有絲毫的喘息。所有這些活動，目的都是緊抓著這個物質世界不放，我們期望從中獲取財富、滿足感和成功。我可以窺見所有人承受的苦難，所有無法在這場「美國製造」競賽中勝出而支離破碎的人們。被徹底毀掉的生命，被沖上岸，最終死亡，只因爲你沒能加入這場美國夢。在這個似乎毫無僥倖可言的社會，這個夢肯定有其標準與現有規範。我一下飛機，就直覺地明白了這一點。

但我很困惑。我從未停止面對挑戰。在我的童年以及我接受僧侶訓練的時期，我一直覺得有股內在的鞭策，激勵我去面對自己的內心世界。在那個空間中，一個人必須欣然接受生命爲你準備的一切，不論是幸或不幸。以我不符美國常規的態度與模式，我適應紐約市、或說在紐約市存活下來的可能性有多高呢？

這是一個雙重的問題：首先，是關乎我的身體健康狀況，因爲我的腿罹患了某種不知名的疾病；其次，是關乎我的僧侶身分。在紐約市，我遠離了自青少年時期起，在僧院佛寺中爲自己選擇的生活方式。

改變我生命的夢

這件事發生在一九七九年的夏天。當時，我才剛滿十三歲。我們來到了山上的牧草地。我喜歡睡在家庭帳篷外，把自己裹在犛牛毛製成的睡袋中。地碰觸得到天，天也碰觸得到地；夜晚的濕氣使得每片草葉都反射出斑駁的月色，使得草地成了一片巨大的星空、一面天堂蒼穹的迷人魔鏡，植物也散發著令人著迷的芳香。在高原無可抵擋的魅力下，我進入了夢鄉。

我的心尚遊移於這新鮮而愉快的一天。在綠色山脈的側面，出現了一個輪廓極高的影像，一個極爲巨大的光之存在，走進了金黃色的光暈之中。帶著滿心的疑惑，我試圖接近他，但他的步伐太大了，我很難跟得上；突然之間，他轉過身來看著我，彷彿他一直都認識我：「依希多傑，」他發出如雷鳴般的咆哮聲響，「我是彌勒佛，你願意跟我一起前往我的淨土嗎？」

聽到被群山的回聲放大而轟隆作響的響亮話語，我寒毛直豎，心怦怦地跳。我點頭同意了。彌勒佛這位保護者走在我前方的一條陡峭山徑上，並且一直健步如飛，我感覺自己就像他身旁的一隻小蟲，氣喘吁吁地試圖跟上他。等到我們終於停了下來，腳下是一片特別柔軟的草地，覆滿了花瓣全開、宛如金黃杯狀的花朵。在我們面前，一座雄偉莊嚴的大山浮在雲海之中。山在太陽底下閃閃發光，其冰冷拱頂的簡潔線條劃破了清澈藍天。它高聳在金黃色的轎狀屋頂以及巨大喇嘛寺的露天平台上方。明亮的彩虹形成了一座掛滿長旗幟的穹頂，天空清澈無雲，也沒有一絲微風。我可以聽見片段的天籟之音，當精緻乳白的香花像雨點般落下，我的心也沐浴在喜悅之中。

彌勒佛轉向我說：「依希多傑，這裡就是我的住所。跟我來！」我們穿過拱門、走過內院，庭院的四壁排列著描繪佛陀證悟場景的壁畫。一座比例和諧勻稱的階梯引領我們走向寺廟的大門，雄偉的覺者雕像飾以珠寶，高高地放在那裡。一位僧侶正在壇城前忙著擺設裝有藏紅花供水的水晶碗，我看到他的背面；我從來沒見過他，但在夢中，我知道他是一位偉大的聖人與成就非凡的修行者。天堂般的聲音對我輕聲耳語他的名字：宗喀巴，他轉過身來微笑著問我，是否願意跟他一起待在這裡。他臉上的溫柔和善使我欣喜得差點暈厥過去，我屏住呼吸，全心全意地回答：「是的！」我淚如泉湧地醒來。此後，我發誓要為眾生奉獻我的生命。

這，就是我的命運。

彌勒佛與宗喀巴

在繁星籠罩下的波柏岡山腳，一個新的生命就此展開；我變成了另一個人。在我的夢之前，我從未聽過彌勒佛或宗喀巴之名；執迷於夢中所見的我，決定冒險去詢問奶奶。她回憶起往事，但在述說之前，她想先知道我是怎麼知道這些被禁之名；出於懼怕被報復，西藏再也沒有人膽敢大聲地說出這些名字。我料想到她會問我這個問題，因此我先準備了一個含糊不清的答案。莫莫拉不相信我，但她感動得喜極而泣。在充滿陽光的下午，我們倆坐在一塊平坦的大石上，她用幾乎聽不見的聲音訴說她的祕密；她說了很久，最後，她把我緊擁在懷裡。我在走向佛陀的道路上接受的初次教導，就是來自莫莫拉；她以簡單與虔誠的話語，將我帶回了古老的西藏。

正如莫莫拉所說，在宇宙中，佛陀會在不同時期與不同地方對覺醒者示現。因此，在目前的宇宙萬古之中，將會有千佛從他們的淨土下來人間，釋迦牟尼佛是第四位；當人們逐漸背離了與生俱來的良善，當世上除了暴行與蒼涼之外別無他物，第五位佛就會出現，祂的名字是彌勒佛、慈愛尊者或藏語的強巴貢波。我全神貫注地傾聽奶奶的話，並問她彌勒佛是不是很高。

「祂的頭比喜馬拉雅雪杉[1]森林中最高的林峰還高。」莫莫拉這麼宣稱。

① 喜馬拉雅雪杉是喜馬拉雅雪松的一種。

她想起自己還是少女時，曾經跟母親去西藏南部日喀則附近的扎什倫布寺朝聖的美好回憶。莫莫拉看到坐在神座上的彌勒佛雕像時，被那股神奇的狂喜與幸福迷住了；回想起彌勒佛鍍著金箔的臉龐散發出的溫柔與力量，她仍然滿懷不可思議的驚奇感；祂的左手握住法輪，代表佛陀的教誨，右手則握住一個大珠寶瓶，瓶子頂端是一株神奇的植物，象徵自然世界的純淨。莫莫拉虔誠地繞行這座未來佛像的巨大底座，以右手輕拂底座的金屬祈福。這座佛像的規模十分驚人，幾乎有九十英尺高，每根手指的長度就超過了三英尺。在寺廟的外牆上，還有一千座金色的彌勒佛被描繪出來，並映襯著深紅色的背景。

聽起來像是夢，但我可以察覺奶奶眼中的那股熱情。將近三十年以來，這是她第一次能夠自由地表達自己虔誠的熱愛，那是她自從我們的國家被侵占以來就一直痛苦地壓抑並沉默地忍受著的情感。莫莫拉提議我們兩個應該找一天重溫這趟朝聖之旅，去向彌勒佛獻供；如此一來，我就可以跟祂建立起業緣的連結，爾後當祂降生人間，我將成爲祂的首批追隨者，我才會有更好的機會得以覺醒。適才聽聞的這一切讓我目瞪口呆，以至於我不敢告訴奶奶，彌勒佛前晚才在夢中邀請我去祂的喇嘛寺……

當我提到宗喀巴的名字時，莫莫拉的聲音因抽泣而哽咽了。在被人民解放軍褻瀆之前，這位十四世紀的偉大聖人與學者對她來說，就是西藏宗教的象徵；他是達賴喇嘛這個支系的創始人，也是開始在農曆新年時舉辦爲期兩週「大祈願法會」的人。大祈願法會就是莫蘭大祈福法會，是爲了慶祝佛陀對抗異教大師所取得的勝利。在一四〇九年舉辦的第一次儀式中，宗喀巴向拉薩最神聖的佛像覺沃佛獻上鑲了珠寶的純金冠飾；這件寶物是在他某次的禪修中自行示現的。而他獻上的酥油燈之多，竟然掩蓋了夜空所有星辰的光輝。驚訝到目瞪口呆的群眾述說了這個故事：數以百計閃耀光芒的太陽從神聖的城市閃現，星辰紛紛被趕入海洋之中，也就是它們每天早晨都會潛入的地方；而宗喀巴所供奉的香，香煙在高空繚繞盤旋，形成遮蔽雲層的巨大旗幟。

在大祈願法會期間的每個清晨，宗喀巴都會帶著最虔敬與忠誠之心，進行爲經續獻上無數供養，他加持經續，誓願要弘揚佛法，使眾生離苦得樂。後來，在文化大革命期間，莫蘭大祈福法會的慶祝活動就被禁止了。

莫莫拉可以滔滔不絕地講下去，她背負了二十年如鉛般的沉默重擔終於被粉碎了。我傾聽她述說珍貴的回憶，像是來自另一個似曾相識的世界，儘管我從未聽聞過。當奶奶告訴我，宗喀巴將西藏最大的一座寺廟獻給了彌勒佛，並以彌勒佛的兜率天爲其命名爲甘丹寺或稱「歡喜淨土」，我不禁聽到入迷了。我眞的在夢中踏上了這片淨土嗎？我簡直不敢相信我的耳朵！

儘管並未完全理解那個夢的涵義，但我知道，那示現予我的覺醒存在，已然傳達給我佛陀的寶貴教誨。當奶奶告訴我關於宗喀巴的童年事蹟，年幼即剃度爲僧，全心專注於學習佛法，我熱切地想要跟隨他的腳步、以他爲榜樣。我很羞愧自己是這麼地不守規矩，整天只想著玩樂以及肆無忌憚地欺騙他人，而宗喀巴卻從年幼時就是勤奮好學的好孩子！

在一開始流亡美國的那段日子，我仍然沒有絲毫可以解讀這個夢境的線索；如今，我相信我必須經歷可怕的痛苦才能完全理解它。我得先將自己從對西藏以及對寺院的實質牽絆中拉出來，然後去面對罹患重症的現實；也就是說，我得先冒著滅頂沉沒的風險，潛入身心皆蒙受巨大痛苦的深海之中。

事實上，我始終無法眞正忘懷我十三歲時在高原上做的那個夢。如果有一天，我眞的能完全實現自己利益眾生的誓願，不論在身體或靈魂層面上，那是因爲在現實的微妙境界中，我仍然留在彌勒佛及宗喀巴大師身邊。在夢中，我攀爬的陡峭路徑（困難重重）是個好兆頭，暗示了我將成功地脫離輪迴②的深淵；草地下極爲平坦的土壤，代表了專爲滿足個人願望的心念不再煩擾我們的意識時，意識的流動就會變得輕柔而順暢，表示我將設法擺脫負面情感的粗糙補綴。花瓣盛開的花朵象徵了慈悲的智慧將會在我的心中綻放，讓我擺脫極端的情感，了悟人的生活方式與無常的現象，最終達到空性的境界；而花朵的金黃光輝，預示我將弘揚純淨而珍貴的佛法精髓。巨大的喇嘛寺則是徵兆，暗示我將致力於弘揚使眾生得以遠離苦與苦因的法教。

最後，天樂與雨點般落下的香花化現了空行母③的加持，讓我在她們的羽翼下接受保護。

那天晚上，當我跟隨了彌勒佛的腳步，我第一次眞正被剃度；接著，當我回答宗喀巴我願意時，他又剃度了我。其後，當我眞正剃髮受戒，只是更堅定了這項雙重的灌頂加持。

我成爲僧侶的決定

我在夢中遇見彌勒佛與宗喀巴之後，開始執迷於成爲僧侶的念頭。最後，我覺得自己無法再等下去了，於是跑去看望父親的裁縫朋友；他有大剪刀，我來到他的地方，一把抓住剪刀，要求他把我及肩的長髮剪到極短，然後剃成光頭。他吃驚地看著我。一開始，我不想做任何解釋，但他堅持要知道原因，於是我向他承認，我決定要出家爲僧。過了好一會兒，他以爲我又在開玩笑了，但是後來，他不得不面對事實，因爲我很認眞而且很堅決。不過，他怕激怒我的父親，終究還是拒絕幫我完成我的願望。面對他的拒絕，我於是自己動手剪下了幾綹頭髮，直到他同意幫我剪短頭髮並剃成光頭，但他要我先發誓，我得告訴父親，這是我自己動手的結果。

---

② 輪迴指的是有條件生命的循環，這種循環被烙下了受苦的封印。

③ 空行母是給予保護的女性形象，是女性能量被喚醒的化現。

回家之後，我從父母的大皮箱中拉出一條棕色的褲子以及一件新的、淺褐色的楚巴，那原本是父親的，但他從來都沒穿過。我穿上這些衣物以及一件體面的白襯衫，那是母親爲我準備、讓我在洛薩（藏曆新年）時穿的新衣。我用一條棕色的長領巾將這些衣物緊緊地束在腰上，並且迅速地穿上我的皮靴。我就穿著這身行頭，等著父母回來。帕拉先回到家，他從震驚中平復過來之後，強烈反對我宣布要出家爲僧的決定；雖然近幾年來中國的政策已有所改變，但這個決定還是太冒險了。最重要的是，西藏已經沒有任何僧侶或寺廟。父親年幼時，曾經親眼看見高城寺如何被炸毀，聲稱爲西藏人帶來幸福的人民解放軍如何屠殺僧侶；當他們躺在地上時，所有倖存的僧侶以及信徒如何試圖拯救他們。經驗教會他要戒愼恐懼，他對我的決定深感驚訝：爲什麼我之前從未提過這個決定？他因爲已經接受了一個過繼我的決定而惱怒，那是由幾個沒有孩子又很喜愛我的表親所做的決定，我的計畫會推翻他已對他們做出的承諾。

阿瑪拉也認可父親的論點，但我察覺到，我的使命感使她深感驕傲和快樂；我是孩子裡最活潑好動的一個，儘管如此，父母還是尊重我的決定。爲此，我對他們有著無盡的感激。不過，他們建議我尋求土登·扎西叔叔的建議，他在一九五九年之前曾經是僧人，後來，中國人強迫他還俗。

五十幾歲的土登·扎西告訴我，想當僧人最重要的是得學會讀寫；他願意讓我住在他家裡，教我若干基本的字母。當時是一九七九年，我十三歲。一九七六年毛澤東死後產生了某種程度的政治自由化，信仰與大眾宗教敬拜如百花齊放般，比以往任何時候都來得熱絡。在中國人豎起的竹幕（bamboo curtain）背後，侵略者試圖藉著褻瀆我們的信仰與祖先的精神遺產來讓我們心碎；以物質繁榮爲中心理想和旨在滿足短暫渴望的現代化之名，他們致力於根除我們的內心大陸，以便更容易地操縱我們。然而，最殘酷的迫害尚不足以根除我們這一代的熱情；我們這一代是在受盡詆毀汙衊的寺廟廢墟中長大，沒看過任何穿著袈裟的僧侶或參與過任何宗教慶典。某些像我一樣才剛成爲青少年的年幼男孩，在一九八〇年代初感受到神聖的召喚；因此，中國的意識形態枷鎖一被解開，那些暗地裡仍然保持僧侶身分的老一輩西藏人，隨即重新站出來教導初學者。高城人以高昂的熱情，開始著手進行寺廟與宗教場所的重建。除了虔誠的信仰，我們什麼都沒有；除了雙手與臂膀，我們沒有任何其他工具，驅使我們的，只有重建的熱情。

西藏精神從灰燼中重生

一九八〇年七月六日，這天是昆敦在喜馬拉雅山另一邊慶祝他流亡二十一週年的日子，我們有二十五個人剃髮受戒。我們的寺廟是一座雄偉壯觀、渾然天成的圓形劇場，屬於貢布尼池——「偉大祕密的守護者」——的白沙岩懸崖自然生成、互相連結的洞穴之一，位於鄰近高城鎮的一座主要山脈上。這個神聖的所在瀰漫著一股神祕的力量，使得世世代代的男女瑜伽修行者皆選擇在此禪修。宛如迷宮般的廊道蜿蜒曲折地深入山中，形成無數纏繞不清的隱密庇護聖所；大自然開鑿出這處原始的宗教遺蹟，布滿巧奪天工的拱門與宛如支柱般的森林，超乎人類的想像力。我們的喇嘛在這些經由鬼斧神工雕琢出來的裂縫、曲線以及廊道的圍繞下，譯解著最深奧的密宗符號，從而賦予了這個自然迷宮一股超自然的氛圍。

我們擺設好一座露天壇城，以便獻供香煙給山神。從外界的觀點來看，亦即根據普通看法的邏輯來說，貢布尼池看起來就是一片美景，雄偉壯觀的部分被覆蓋於永恆的積雪之下。從內在的觀點來看，這個所在是塵世守護者與當地神靈的棲身之處。從神祕的觀點來看，它是密宗本尊勝樂金剛與金剛亥母結合一體的聖殿。貢布尼池下方鋪展開來的草原是如此寬廣，以至於一匹飛馳的馬也無法在一天之內穿越它；它形成了一片帶有元素色彩的草藥壇城，根據相互依存的絕對法則而呈現。

我在巨大的山洞中許下誓願。在山洞口的岩床上，印著三十位帕武（Pawo）——「格薩爾王傳」中的「英雄」的足跡以及他們座騎的蹄印。我被賜予洛桑頓珠的法名，洛桑意指「慈悲之心」，將我與宗喀巴的傳承連結起來❷；而頓珠之意為「實現願望者」。儀式持續了一星期，遠道而來的喇嘛們在滿月的這一天抵達，我們獻供的香如此之多，使得香雲繚繞在洞穴前久久不散。祝福大量湧入，以奇蹟般的徵兆出現；當西藏從灰燼中重生，自然界在這個加持的時代毫不吝惜地給予了這些跡象。

在貝爾維尤醫院的急診室

我的右腳踝經過十天彷彿無止盡的疼痛，終於緩解了一些。我相信我很快就能再正常走路了，在公寓深受局限的空間中，我的不良於行使得共處一室的情況變得困難而複雜；我們這麼多人擠在一起，晚上我甚至無法在不吵醒好幾個人的情況下去上洗手間。五月八日星期四，我一有了改善的現象，就打電話給堪薩斯城的利美佛教中心；接電話的人可以說藏語，我們商量好，我搭五月十一日星期天的班機過去，這樣廷禮就可以陪我去機場。我很期待兩天後就可以離開紐約市，並且對終於能從這種折磨中解脫而感到欣慰不已。

結果在星期六晚上，極度劇烈的灼痛又開始讓我顫抖不已；我根本無法起身，而且滿頭大汗、喘不過氣。接連四天，我都是處於這樣的狀態，幾乎沒有片刻緩解。我的腿腫脹得如此之

❷宗喀巴受戒法名為洛桑札巴。

大，以至於我無法穿上任何鞋襪，而且已經腫成了紫黑色。廷禮感到十分擔憂，他跟吉格梅倫珠談到這件事。

二〇〇一年三月在拉薩，這位三十二歲的年輕人被當局蠻橫地監禁起來。吉格梅倫珠的父親與祖父都是唐卡④畫家，因此他從小時候開始，就下定決心要將一生奉獻給神聖的藝術，描繪天宮裡的無量光佛。他的才華使他成了西藏眾所皆知的唐卡大師，並受託為拉薩河谷的大型寺廟繪製唐卡——直到中國人民武裝警察部隊判定他的藝術是「反革命」。官員們從他的工作室沒收了一幅精美鍍金、描繪著樂土的唐卡，那是他滿懷熱情地為色拉寺繪製的作品；但他們卻強迫他用糞便褻瀆這幅作品，並將它掛在他的脖子上。接著，這些官員們還慢條斯理地折磨了他三個星期，試圖折斷他的雙手以摧毀他的靈魂；因為透過他的雙手，他的靈魂得以將覺醒生命的加持與賜福充分展現於畫作上，被印在天然顏料的畫布上並縫入錦緞的框架裡。

日復一日，吉格梅看見他的雙手逐漸枯死，手上的血肉腐爛到手指都見骨了。事實上，兩年之後，他的手指仍然可以看見被撕裂的紫色傷疤。他謹慎有禮地告訴我他經歷的苦難與折磨，鼓勵我也尋求治療；他自己就對曼哈頓貝爾維尤醫院中負責「酷刑倖存者計畫」的醫生們滿懷感激，他們賦予他的手新的生命契機。當他從監獄中被釋放出來時，他以為他就要癱瘓一輩子了：「我就像寒冬裡的一棵樹，我的雙手掛在我身上，就像垂死的枯枝；但是現在，春天又來臨了，我可以感覺樹的汁液又流回了這些枯枝中。」

吉格梅熱淚盈眶地讓我看一小幅他剛畫完的唐卡，這是他三年來的頭一幅作品。我激動地看著這幅綠度母的畫像；在愛的強烈振動下，我滿懷同情地想像這位藝術家遭受的痛苦與磨難。在他被拘留監禁的這段漫長時日中，他從未停止呼求度母的救度：

唵敬禮尊聖救度母！
敬禮救度速勇母，目如剎那電光照，
三世界尊蓮華面，從妙華中現端嚴！
敬禮百秋朗月母，普遍圓照無垢面，
如千星宿俱時聚，殊勝威光超於彼！
敬禮紫磨金色母，妙蓮華手勝莊嚴！

吉格梅請我為他的唐卡加持，並敦促我盡快去貝爾維尤醫院就醫。在那裡，我可以免費接

④唐卡是一種傳統製作於絲綢上的藏傳佛教繪畫。

受醫療團隊的完善照護，他自願跟我一同前往。

到了五月十五日星期四，我的劇烈疼痛絲毫沒有緩解的跡象，我再也無法忍受下去，於是在吉格梅的陪同下，我前往貝爾維尤醫院的急診室。另一位西藏難民提供我一副枴杖，但這趟長達兩小時的路程著實是嚴峻的考驗；我們得搭地鐵穿越布魯克林，至少要換兩次車才能到達曼哈頓；然後，我們還得從第一大街步行大約五百碼才能到二十六街的醫院。我不想狼狽至極地走進醫院，所以我又休息了一刻鐘才進入急診室。

吉格梅希望麗津卓瑪能在那裡，這位藏族護士會提供建議給難民，並幫助他們填寫加入「酷刑倖存者計畫」的文件；必要的話，她還可以充當翻譯。但這天早上，卓瑪剛好不在。我們看了醫生之後，從醫生的診斷中，吉格梅唯一能了解的就是處方上開的藥；我得吃三種不同的藥，一天吃三次。如果兩個星期過後還沒有任何改善，醫生建議我再回來看診。

我可以察覺護理人員對我深感同情。吉格梅設法讓他們了解，我是多麼地痛苦不堪；不幸的是，我無法回答他們的任何問題，也無法解釋我有什麼感覺、這個問題是怎麼發生的或是何時發生的。離開急診室時，我說了第一句英文：「謝謝你。」我羞赧地重複著，把護理人員逗樂了。對於這些陌生人賦予我的全然尊重與關心，我深受感動而且滿懷感激；他們一個接一個地來到我的病床邊，花了很長時間來了解我的情況，有幾次他們詢問吉格梅，他也竭力用手勢與動作來回答這些問題。

我注意到貝爾維尤醫院的卓越設施和高效組織，更甚於約翰．甘迺迪機場。每個人都有一項任務，病患的管理似乎是以最佳的方式來條理化，而衛生的水平更令人印象深刻，如此整潔與乾淨的程度，意味著一絲不苟、井然有序的嚴密組織。我想這裡人們的教育水平也貢獻良多，否則還有什麼能解釋，爲什麼這麼多的病患來來去去，這個照護單位還能保持如此潔淨無瑕的狀態？毫無疑問，美國的孩童被教導了規矩、禮儀和尊重。在我所知的國家中嚴重缺乏這類教導，譬如我童年時的西藏，過時的生活方式仍然持續至今，還有中國、尼泊爾及印度也都是如此。有一次，我被准許進入一間管理良好的中國軍醫院，但它跟這間急診室比起來委實相形見絀。我滿懷欽慕與信心地走出貝爾維尤醫院，放下了心中大石；美國的醫生一定會找出方法來避免我的右腳踝劇痛再次發作，也會治好那自我被捕之後就一直折磨著我的病症。我謝過吉格梅，他答應下次我們去醫院時，他會先確定麗津卓瑪也在場。

我得到的治療十分有效，當我還在急診室時，我的疼痛已經減輕了。所以返回廷禮公寓的路程似乎變短了，而且沒那麼疼痛。然而，我的樂觀很快就被一陣新的、極端激烈、甚至比之前發作更加劇烈的疼痛摧毀；在我腫脹不堪的腳踝上，紫黑色的皮膚破裂開來，變成腐臭難聞的開放性傷口，我只能盡我所能地用衛生紙把它包紮起來，再用一條襪子覆蓋在上頭。我決定不等到之前預約的兩週後再回診，這一次，我跟麗津卓瑪約好了看診時間。

酷刑倖存者計畫

二〇〇三年五月二十三日，麗津卓瑪在貝爾維尤醫院入口的大廳等我，我跟著她進入了她的辦公室；她在電腦上敲擊了幾下，我的名字（我還無法用英文書寫的名字）就出現在螢幕上了。我有病歷以及病歷號碼，那是我第一次來急診室時被建立的檔案資料，我不再是無名人士了。

我馬上就察覺那位為我檢查的醫生對我的狀況感到憂心。經過冗長的檢查與觸診之後，他把我送去放射科。我對我的腳以及它散發出來的難聞氣味感到羞愧；我想問些卓瑪可以翻譯的問題，但我不敢。一位護士推了輪椅過來，卓瑪陪我走過迷宮般充滿消毒藥水氣味的走廊，來到放射科的等待室；然後，她告訴我她的故事。透過她，我發現了我以前從來沒有機會認識的海外西藏人；聽到她說著不帶口音的藏語，卻搭配著美式的表達方式與身體語言，使我不禁莞爾。她相當坦率地表達自己，而且很容易馬上就相信陌生人；這跟西藏盛行的隱密文化（culture of secrecy）截然不同，那樣的文化特性甚至延伸至親密關係以及家庭之中。

這位二十七歲的女性出生在紐約市，屬於西藏流亡者的第二代。她的父母在珠穆朗瑪峰靠尼泊爾的山坡、索盧坤布縣夏爾巴地區的賈爾薩長大。當尼泊爾受到中國施壓而緊縮對西藏難民的政策時，她的家人遂抓住這個機會，於一九七〇年移民到美國；卓瑪記得當她學會閱讀後，她父親要她在紐約市的電話簿中辨認出他們的姓氏時，是多麼地驕傲。而她的母親秋登是她家裡十五個孩子中最小的一個，她從小就負責在早上準備供水與供燈，她熱愛用這種方式來禮敬佛陀，但令她感到遺憾的是，她沒有像樣的碗盆與精美的鍍金油燈來供佛，像那些在寺廟中令她欣羨不已的器皿。因此，她現在很高興能在皇后區一間影印店的後頭有一張桌子，專門擺設法會用品與手工藝品以販售給當地的西藏人。

卓瑪是經過認證的合格護士，她跟丹增尼瑪訂婚兩年了，她很驕傲地告訴我關於這位年輕人的事蹟；丹增尼瑪是「自由西藏學生運動」（Students for a Free Tibet）非營利組織的助理經理，這個組織是支持西藏志業的全球網絡。丹增尼瑪在印度達蘭薩拉的西藏兒童村長大，會說非常流利的藏語、英語、印度語及中文。他曾榮獲傅爾布萊特的學者獎助計畫，並擁有哈佛大學的法律與國際關係學位。他成爲華盛頓特區的美國國家民主基金會（National Endowment for Democracy，NED）⑤顧問之後，搬到紐約市，而他們是在舉辦於三月十日的一場紀念

⑤美國國家民主基金會是致力於發展並強化全球民主機構的非營利私人基金會，資金主要來自美國國會。

一九五九年西藏起義週年示威活動中認識。

我們的談話被放射科的技師打斷了，他幫我照了好幾張X光，包括我的腳、右腿、肺部和脊椎。之後，卓瑪帶我去檢驗室驗血。最後，我們去聽醫生說明檢驗的結果。醫生先跟卓瑪說明了幾分鐘，無法理解他們的談話讓我深感苦惱；無法與他人溝通，使我覺得自己不是完整的人。沒有了語言能力，我覺得自己就跟動物沒有兩樣。

卓瑪的臉龐似乎蒙上了陰影。她對我解釋，我罹患了一種傳染病，必須住院治療，但我可以察覺出她語帶保留。醫院的行政管理部門需要我提供我在西藏被監禁的詳細資訊，以便讓我進入「酷刑倖存者計畫」。醫生建議我立刻住院觀察。在醫生面前我並未詢問卓瑪，但我對自己能擁有這種幸運的待遇感到相當寬慰，因爲如此一來，我就不用回到廷禮的公寓了。

我被帶往一間寬敞的病房，一塵不染的環境讓我深感欣喜。我從未享受過如此舒適的住處，也無法把這種奢侈的待遇跟疾病聯想在一起。我心中一點也不懷疑，在這樣的環境下，我一定很快就會被治癒。卓瑪告訴我，有一位美國的口譯員會來看我，她會說流利的藏語，也會陪同看診並協助我處理行政程序；卓瑪看起來似乎不太舒服，我不想再強迫她告訴我她隱瞞的訊息，而使得她煩擾不安。在那一刻，我完全沉浸在這個意外住處帶來的喜悅當中，並對這個國家充滿了深深的感激；在這裡，身無分文的外國人居然可以得到生活條件如此優渥的免費照顧。在西藏、中國、尼泊爾或是印度，每天都有人死去，因爲他們無法獲准進入醫院就醫。而儘管我才剛到美國，卻能受益於如此慷慨的善行！

我簡直無法置信。就在這時，一名護士來敲我的門，並帶著微笑以及放在托盤上的晚餐走了進來；我大吃一驚，因如此地體貼而感到尷尬不已。她遞給我一杯水，並用手勢要我吞下四粒膠囊，我想它們可能是止痛劑，因爲我的疼痛減輕了許多。我的床很柔軟，平滑的床單聞起來像是才剛洗過，有股好聞的味道。我不敢相信自己正躺在如此堅固而厚實的床墊上，而且床的控制系統讓我可以把頭或腳抬高到我確實想要的高度；我祈禱，希望自己有天也有能力讓其他病人享受到如此舒適的設備。我納悶，爲什麼我不記得自己第一次去到印度南部的色拉昧寺時，睡的是什麼樣的床鋪、住的是什麼樣的房間？

當時是一九八五年，西藏僧侶很難在流亡中生存下來。由於離開西藏前往印度學習佛法的新移民不斷湧入，這個團體不斷擴大。我們四個人擠在一個小房間裡，我們的床實際上是由乾玉米的莖桿層層堆疊起來的；我們從附近村莊的垃圾場撿拾這些莖桿回來，這些被丟棄的莖桿因爲過於粗劣與多節而無法被當成飼料。然後，我們會把玉米莖桿堆疊在四個尺寸大致符合的矩形木板框架內，放一條披巾在上面；但它的布料極薄，我們沒有錢可以讓自己享受一條較厚的披巾。玉米莖桿的凸起很快就會把披巾戳破，我們的皮膚也無法倖免。在早上，我們的身體會留下穗與莖形狀的印痕；如果我們以同一個姿勢睡太久，有時就會留下瘀青與刮傷。更糟的是，各式各樣的昆蟲——像是象鼻蟲、臭蟲、蜘蛛、圓蟲、跳蚤、蝨子以及其他各種的寄生蟲，會在晚上來吸我們的血！當我們在早上抖開披巾時，我們會看到它們排著黑色的遊行隊伍悄悄遠離，但我們知道到了晚上，它們又會悄悄返回。

當我還是年輕僧人時，我夢想著擁有一張床墊。我找出床墊的價格，然後想出一個方法：我可以將我在法會中接受的微薄供養存下來；日復一日，我把我需要的盧比數量儲存起來。最後，我終於得以爲自己買下一張床墊……然而，那是一張舒適程度極爲普通的床墊！在醫院中，我對自己不可思議的命運感到不知所措！我非得生病、不良於行、從我的出生地跨越六千英里來到這裡，才能睡在一張眞正的床上！當我展開學習時，我的上師們教導我，苦難可以使我們得到淨化。因此在那一刻，我的結論是，過去幾星期來的可怕疼痛已然洗淨了我的惡業，那樣的惡業讓我直到現在，都無法安然舒適地入睡。

5
切掉不等於治癒：我拒絕截肢

瑪麗娜・伊里奇（Marina Illich）看起來就像她的國家

「你的病情，他們到底告訴了你什麼？」

一位表情豐富的年輕美國女子坐在我的病床邊，說著拉薩發音的標準藏語。瑪麗娜・伊里奇是哥倫比亞大學的博士生，師承羅伯特・瑟曼教授；她正在寫一篇關於章嘉・若必多吉（Changkya Rölpé Dorjé）的論文，這位十八世紀的傑出喇嘛以靈性成就與佛學造詣而備受敬重，同時也是乾隆皇帝的導師與顧問，他並藉此巧妙而成功地維護了西藏的利益。當時，被稱爲天子的皇帝甚至會在布達拉宮的主人達賴喇嘛面前虔誠跪拜，並尊崇其爲活佛以及他的精神庇蔭。以「護國大師」（Protective Guru）的神聖名義，清朝正式承認達賴喇嘛爲雪域的政治與宗教君主，以抵禦蒙古軍隊的兇猛劫掠及西藏內部軍隊互相對抗而導致的動盪不安。

當瑪麗娜告訴我她的教授羅伯特・瑟曼的事蹟時，我滿懷欽慕地估量著她的學術成就。若說有兩個美國人是所有流亡的西藏人都認識的，無疑就是羅伯特・瑟曼與演員李察・吉爾。鮑伯（Bob）是我們以美國人常見的和善而眞摯的方式對羅伯特・瑟曼的稱呼，他是第一位被達賴喇嘛剃度受戒爲僧的西方人，是傑出的學者，也是聯合國口譯員之子；他徹底放棄了表面上看來前途似錦的人生，而深受禪修與佛教哲學吸引，於是在一九六二年前往達蘭薩拉並成了達賴喇嘛的好友。爲了更深入理解佛教經典，他學習藏語，並於一九六四年在尊勝寺，即昆敦的私人僧院受戒爲僧。之後，命運召喚他回到美國；在三年後的一九六七年，他還俗娶了美麗絕倫的瑞典貴族，她同時身兼超級名模與心理治療師身分。後來，鮑伯在哥倫比亞大學創設了印度藏傳佛教研究的宗喀巴教授職位；所以當我認識瑪麗娜時，鮑伯正在哥倫比亞大學任教。同時，應達賴喇嘛的要求，他跟李察．吉爾創辦了西藏之家（Tibet House），對抗正發生於西藏的種族滅絕與集體屠殺。羅伯特．瑟曼召集了幾位美國參議院成員一起捍衛西藏的人權，亦爲心靈與生命研究所（Mind & Life Institute）研討會發揮了諸多的國際影響力；這些研討會始於達賴喇嘛與頂尖科學家之間關於心靈與自我的對話。有次，達賴喇嘛讚揚鮑伯的一生致力於傳授佛法和人類價值觀，甚至充滿感情幽默地說，當鮑伯離開他的肉體時，有必要去尋找他的轉世化身！如此一來，下一個世代就會看到一位鮑伯仁波切重現人世！

當瑪麗娜坐在我面前時，我回想起這一切；我也注意到，因果業力之風讓我遇上這項嚴峻的考驗，但也將合適的人選送到我的病床邊，幫助我度過難關。我迷失在思緒之中，因此回答得很含糊；瑪麗娜看得出來，要讓我充分信賴她並不容易，但她也並非輕言放棄的人，她堅持要知道我的答案；當她終於了解我對自己的病症幾乎一無所知時，她沉默了；我覺察到她有些壞消息要告訴我，就是卓瑪昨天不想讓我知道的事。

她把病歷紀錄從袋子中取出。爲了理解病歷的內容，我不僅需要藏語翻譯，還需要原文的分析。我們開始逐字翻譯那些對我從二〇〇〇年一月就一直承受至今的症狀之客觀描述：「全身性骨質缺乏，踝關節明顯骨蝕與骨碎片化，包括脛骨平台以及距骨背，懷疑爲敗血性關節炎。跗骨並未清楚可見，似乎大部分已經融合。檢查結果疑似踝關節的敗血性關節炎，並顯示出跗骨間關節的融合。」

這是我第一次聽到骨質缺乏與關節炎的醫學術語，對我來說，這些字我連音都發不出來。瑪麗娜努力解釋給我聽，骨質缺乏指的是嚴重的骨密度流失，而關節炎則是關節的急性或慢性發炎；運動員經常會罹患關節炎，因爲他們會用相同的關節不斷重複相同的動作。但就我的案例而言，病因則是外傷；瑪麗娜要求我確認，我的病症確實是由中國公安的殘酷暴行所致。

這時，我並不擔心，我甚至要瑪麗娜放心：「對我來說，能進入這間醫院已經是難能可貴的機會；在印度，我根本無法受到任何照護，但在這裡，我一定會被治癒的。」

看到她充滿懷疑的表情，我補充說：「即使要花時間來治療……」

她回答我，我當然會痊癒，但是沒那麼容易，治療的過程可能要花上一段很長的時間，而且可能會很痛苦；還有一個嚴重的風險，就是我可能會失去我的右腿。看了我的X光片，檢查我的醫生並不排除我右膝以下截肢的可能性。

「但這只是瓊斯醫生（Dr. Jones）的看法，」她立刻解釋，「對於如此嚴重的情況，諮詢其他醫生專家的意見是必要的。」

接著，她對我說的話大吃一驚；我說：「如果截肢就是解決辦法，那就不成問題了！美國的外科醫生很擅長這類手術，不是嗎？」

瑪麗娜也同意。儘管如此，由於我們手上只有一份初步的檢查報告，她建議我再看看治療的情況如何，並且詳細解釋我必須服用的藥物以及爲什麼要服用它們，包括抗生素與消炎藥；我學會的字彙愈來愈多了。想到自己就要成爲醫學術語的專家時，我不禁莞爾並且保持著極爲樂觀的心態，甚至跟瑪麗娜開玩笑，說我對美國的醫療體系比她有信心多了，她也承認。她同時要求我先做好心理準備，因爲進入「酷刑倖存者計畫」必須接受面談，爲此，我必須詳述我的被捕與監禁過程，以及我所經歷的酷刑虐待。誠然這並不容易，但我知道，我不能逃避這項標準流程。我答應瑪麗娜先做好準備，並試著讓她寬心。

瑪麗娜的擔憂並未破壞我的好心情。我對我的守護神度母有著無盡感激，她讓這位專心致志、忠實眞誠的年輕美國女子來到我的道路上。我們談了將近兩個小時。瑪麗娜．伊里奇看起來就像她的國家，這個我在三週內已逐漸熟悉的國家：精力充沛、意志固執、果斷堅定、堅持不懈，而且是毫無疑問的完美主義者，也有極爲聰明的腦袋。然而，我可以察覺出她追尋的不僅是新的挑戰與智識的成就，更服膺著道德與人道的守則與規範；雖然我無法估量其深廣程度，但我可以感覺得出來，而且也為她感到高興。我很欽佩她的智識能力。

對我而言，要說出幾個英文字或是記住我諮詢的醫生姓名都如此地困難，瑪麗娜卻可以說出一口無懈可擊的藏語，而她不過花了四年時間學習藏語——甚至還沒到過西藏。她也學習中文，而且會說匈牙利語（因為她父親來自布達佩斯）及法語（因為她出生於布魯塞爾，隨即在那裡度過了她人生中的最初幾年）。她志願加入「酷刑倖存者計畫」擔任醫療諮詢方面的翻譯人員，這項計畫歡迎來自西藏的前政治犯加入，也一直需要口譯員的協助，因此計畫負責人寫信給羅伯特．瑟曼教授，後者就對他的學生宣布了這件事；這時，剛好瑪麗娜對西藏的禪修世界已深感興趣，也持續關注著西藏人被剝奪人權與基本自由的新聞。

我罹患了壞疽（gangrene）

六月四日，瑪麗娜陪我去看骨科醫生。她跟我談過幾次，我仍然認為，如果截肢是必要的解決方法，那麼我會毫不猶豫地考慮採行這個方法。阿里醫生（Dr. Ali）是巴基斯坦人，他跟我們打了招呼，桌上有本攤開的記事本。他手邊已經有我的X光片，沒有任何開場白，就開始描述我接下來得經歷的標準流程：我將繼續目前已在進行的抗生素治療，還要接受兩個月的物理治療，以便讓我右腿的肌肉變得更強壯，以彌補我右腿膝蓋以下即將被截肢部分的不足。考慮到時間的安排，他建議將手術預定於八月四日這個星期，他星期二、四、五都可以安排手術；因此，阿里醫生建議把我的截肢手術安排在八月七日星期四的上午。

我對他魯莽唐突的態度深感驚訝，這跟我一直以來受到的親切對待形成了鮮明對比。我什麼也沒說。這位外科醫生讓我看了一些義肢，等我手術傷口癒合之後就可以裝上。我開玩笑說，儘管我現在的腿是大象的腿，但手術之後它就成了小老鼠的腿；我說：「太可惜了！我寧願自己是有著象腿的喇嘛！」

瑪麗娜微笑了，但阿里醫師仍然面無表情。他把電腦螢幕轉向我，讓我看一部與截肢者有關的影片：他們不僅能走路，還能跑、跳、爬樓梯、跳舞、游泳、爬山、溜冰、騎單車、從飛機上跳傘……我從來沒做過那些事！

說來奇怪，看了這些照片，我感覺自己愈來愈不願意接受截肢，儘管我一開始並不排斥這項手術。或許是因爲我發現了它的眞實性，但我並不確定；我只是聽到內心有個聲音在對我低語：別接受截肢！別接受截肢！

這位外科醫生示範完畢，幫我預約了三週後回診。到時，我必須接受一連串檢查；同時，我也必須與那位負責讓我做好截肢準備的物理治療師見面。當阿里醫生把他的名字寫給我時，我打破沉默，把我的疑慮告訴了瑪麗娜；瑪麗娜明白我的困惑，她自己也對這次會談的方向與進程感到震驚。阿里醫生幾乎是自言自語了四十五分鐘，根本沒有注意我這位病患的情況；於是瑪麗娜告訴他，我需要考慮一下。

阿里醫生仍然堅持己見、並未退讓。瑪麗娜又說：「這是很艱難的決定，我們打算諮詢其他醫生的意見，我們會再讓你知道我們的決定。」

醫生抬起眼睛、皺起眉頭，從他那厚重的黑色眉毛下嚴厲地瞪視著我們，彷彿我們是沒有腦袋的笨蛋，不了解我們的選擇會帶來什麼樣的後果；他對我們說：「我不能無限期地為你們保留八月七日的手術時段，盡快讓我知道你們的決定。X光的結果已經很明確了，如果其他醫生沒有建議你們截肢，我會很驚訝；而且，你們必須了解壞疽不能拖，如果不盡快動手術，不只是膝蓋以下、就連臀部以下都得被切除。若是如此，我不會承擔任何責任。壞疽是致命的。」

瑪麗娜變了臉色。醫生沒有等她把他的話翻譯給我聽，就站起身對我們冷淡地點點頭，等我們離開，他又坐回了他的辦公桌後頭。

我們在一台販賣機前停了下來，瑪麗娜啜飲果汁，試著放鬆下來，但無法平息她的憤慨。阿里醫生並未幫我們解決麻煩。

「我了解你不想回診，」她說，「換成我也會這麼做。如果他除了截肢之外沒有其他的解決方案，那我們就找別的外科醫生吧！」

瑪麗娜建議打給她的表親，一位在哈德遜河畔的私人診所進行手術的知名骨科醫生；我認爲這是個好主意，與其因爲今天早上的諮詢而感到恐慌，我們應該花些時間思考。這只是一次挫敗，或許是由於缺乏溝通造成的；或許阿里醫生最近才剛到美國，還沒養成美國人有禮貌的行爲舉止。

「他是個粗魯的亞洲人。」瑪麗娜承認。當她推著我的輪椅時，她的微笑又出現了。

我察覺有別的事困擾著她。回到我的病房後，我敦促她毫無保留地告訴我所有的事。在前方等待著我的一切並不容易，在這條可以預期的漫漫長路上，我們必須盡可能地對彼此坦白。

「醫生說了一個字讓我很擔心，」瑪麗娜告訴我，「我不了解是因爲我在X光報告中並沒有看見這個字，但它或許是一個公眾用字。放射科醫生提到敗血性關節炎，阿里醫生則提到了壞疽。」

壞疽？這個新字很快就變得熟悉。瑪麗娜怕打擊我的士氣，對我解釋壞疽是細胞因爲缺乏血液循環無法再生而死亡的過程；舉例來說，我的情況是感染所致。被剝奪了氧氣的組織很快就會腐爛、變黑、開始滲出液體。

我說：「所以只是要恢復血液循環的問題嗎？這應該不會太複雜吧？」

像我這樣初來乍到的人，都以爲美國醫學應該能解決這樣的問題，畢竟連更糟的情況它都能解決。能執行開心手術並成功移植心臟與腎臟手術的醫療專家，怎麼會無法克服足部感染的問題？我要瑪麗娜放心，並試圖說服她，儘管看起來不樂觀，但今天早上跟這位巴基斯坦醫生會面仍是一件好事；還好他提到壞疽，至少現在我知道自己得了什麼病。知道爲了恢復健康，我的血液必須再次正確往下循環到我的腳，我鬆了一口氣；我不懷疑美國醫學可以做到這一點。

瑪麗娜對我似乎絲毫未受影響的樂觀露出了微笑，她答應我會打給她的表親，盡快回覆我消息。我感謝她爲我付出的時間，以及她爲了幫助我了解病情所做的一切努力。

切掉不等於治癒！

每天早上，都會有一位護士來幫我清理傷口，那是一天中最痛苦的時刻。當護士將一把刮匙——小湯匙形狀的金屬器械——插入我化膿的腳踝時，止痛藥尚未發揮作用；刮匙的尖端與邊緣跟剃刀一樣鋒利，我驚訝地看到這把器械，竟然可以毫無困難地直接插入我的腳踝，這讓我意識到，我的關節已被壞疽侵蝕挖空到如此空洞的程度。我請瑪麗娜爲我說明這項治療的理由，她說，這項治療的目的是要打開傷口，希望健康皮膚的芽可以傳送一些專門修復的細胞到壞疽組織中；這些細胞能藉由產生適當的抗體，來清除壞疽部位並重新產生免疫力。

了解了這項治療的目的，有助於讓我欣然接受這種侵入式的治療方法。現在，我的開放性傷口在滲血，但這是爲了讓健康的新組織重新生長出來，達到最終治癒的目的。除了疼痛還有腐臭的氣味，而我被告知這種氣味是沖洗傷口組織不足的特徵；導致血肉腐爛的厭氧細菌會在傷口增生，伴隨著化膿分泌物的產生。

每次刮除傷口會花上大約二十分鐘的時間，也就是三分之一小時；但如果這就是自然治癒過程必須付出的代價，我願意隨即接受第二次的治療！但我被告知，修復細胞需要至少二十四小時才會發揮作用。

六月十二日，開了抗生素給我的瓊斯醫生跟我約好要看診。他四十幾歲，極爲和善而且總是面帶微笑；他看起來的模樣以及說話、聆聽的方式，都讓人深深感受到平靜寧和以及顯而易見的善意。我的右腳踝毫無改善的跡象，而且儘管每天進行刮除治療，化膿的分泌物仍然持續在增加、惡化。瓊斯醫生的結論是，我的骨頭受到嚴重感染，我的腿必須截肢。

若說我的傷勢並未有任何改變，從另一方面來說，我倒是改變了。面對再次建議我立刻截肢的診斷，我請瑪麗娜向醫生表達我的看法：我內心深信我可以痊癒，我只需要他幫助我恢復腳踝的血液循環；我懇求醫生幫我開些能恢復血液循環的藥物。他嘆了口氣。現在，我已經到了藥石罔效的階段，刮除與服用更多抗生素都無法產生任何效果，因此，除了建議我截肢，他已經無法提供我任何其他的解決方法了。我的答覆是，要改善我的健康狀況肯定得花時間，但我願意付出耐心。瓊斯醫生警告我，延遲這項手術會有讓感染從腳踝擴散到大腿、進而大幅擴散的風險。

看診結束時，他交代：「兩個月之後回診。」然後延長了我的抗生素處方。

三天之後，瑪麗娜介紹我去看她的表親阿諾，一位外科醫師。他那優雅精緻的公寓坐落於上西城，擺滿了上漆的深褐色家具；我從大窗戶的厚玻璃看出去，凝視著曼哈頓的天際線，在夕陽下散發著紅色光芒，顯得如此脆弱！我很難相信，這眞的是一座住有數百萬居民的大都會！隨著夜幕降臨，摩天大樓成了發光立方體的無形螢幕，邊緣形成精心設計、輪廓分明的線條，垂直街道並與光束形成直角，在這片由玻璃與水泥組成的城市景觀中，顯得如此燦爛奪目、完美，幾乎就像是一片海市蜃樓；我彷彿正凝視著某種巨大無比、坐落於哈德遜河畔的幻覺。平靜的水域形成了一條深綠色的廊道，斜向的光束落入其中，從建築物之間的一條街道游向另一條街道，在河面劃出入射光的角度，宛如切開水面、刺穿哈德遜河的一把刀劍。

阿諾仔細地檢查，並對我腳踝的X光片審視良久。他轉向瑪麗娜開始說明，儘管我聽不懂英語，但我猜得出來，他正在確認其他醫生所下的結論；他聽起來相當確定，毫無令人質疑的空間。此外，我現在聽得懂壞疽與截肢這兩個字了。在瑪麗娜爲我翻譯他的話之前，我帶著住院三週以來逐漸形成的新決心告訴她：「我不想切掉我的腿！我希望它能被治癒！」

阿諾對我做了充分而完整的解釋、瑪麗娜也爲我翻譯了一個多小時，告訴我爲什麼我必須進行截肢。但不論我說了幾次「切掉不等於治癒！」這位醫生仍然堅持認爲我的腳已然壞死：壞疽已經擴散得太嚴重了，腳踝關節絕無復原的可能；骨頭與軟骨都已被摧毀殆盡。阿諾醫生對義肢的評價甚高，提議要我看看義肢的影片，跟阿里醫生給我看的一樣。但是，我已經看過了，而這樣的影片並無法讓我信服。

「仁波切寧可當有著大象腿的喇嘛，也不願有小老鼠的腿。」瑪麗娜開玩笑地重覆了我那天說的話。我盡可能地隱藏自己的失望，因爲我對這次諮詢抱著很大的期望；我告訴瑪麗娜我的困惑：爲什麼我看的每個醫生都只建議把我的腿切掉而別無他法？一個已經可以把人送上月球的文明，怎麼會不知道如何治療長了壞疽的腿？

同樣感到困惑的瑪麗娜，已經思索過這些問題了。她是伊萬．伊里奇（Ivan Illich）的侄女——甚至是他最喜愛的姪女，伊萬．伊里奇是獨一無二的思想家、深具遠見的散文作家，也是極富爭議的社會評論家；他死於二〇〇二年十二月，距今還不到一年之前。他生前跟瑪麗娜非常親近。

瑪麗娜對她的舅舅以及他對後工業社會功能失衡的批評深感著迷。舉例來說，伊萬．伊里奇提出，最富裕國家達到的成熟水平已然產生了不良的後果；他援引了西方的醫療體制對人們造成的疏離與幻覺等假象，認爲醫生有時會以損害病患健康的方式來治療疾病——而我才剛親身體驗到這一點。當你擁有複雜精細的技術能力時，切斷一條腿是相對簡單的治療方式；但醫生怎能將治療的藝術降低到簡單至極的截肢，而完全不嘗試採用別的方式來治療我呢？爲什麼他們膽敢斷言我的腳踝已壞死？

我震驚地發現了這個事實，也開始發現，出於我相信美國政治、經濟、軍事各方面的無所不能必然也適用於它的醫療照護上，因而一直在欺騙自己。我來到紐約市，深信我的腳疾可以被治癒，而且自從進入貝爾維尤醫院就保持著那樣的錯覺；但如今，我不再抱持任何幻想了。

除此之外，瑪麗娜還補充說明，她的舅舅深信病患多死於醫生之手所給予的治療，因此他從未接受右頜惡性腫瘤的治療。與其接受手術，他選擇讓這個腫瘤在他在世的最後二十年間，緩慢地使他的臉變形。即使牽涉到他自己的健康，他仍然堅持初衷，言行思想始終保持如一；事實上，他認爲癌症就是典型以適得其反的方法來治療的例子。外科手術可能會毀了他說話的能力，那是他無法忍受的；他也相信，他如果動手術的話只會死得更早。瑪麗娜用她舅舅的例子讓我看清了事實。就我的情況來說，病因已經得到了確認：我的腳踝缺乏了攜帶生命的氧氣。一定有醫生可以規畫出一套適當的醫療流程。

「你這麼說起來似乎很簡單，」瑪麗娜說，「但問題是，我們至今爲止看過的所有醫生，包括阿諾，全都說你的腳踝已經壞死。」

我質疑這一點。不，我告訴她，我的腳踝還沒有壞死。雖然在放射科醫生照的X光片上顯示出所有不可逆的壞疽跡象，但我內心深處有種明確而清晰的感覺告訴我，我的腳踝仍然有生命存在，不論是敗血性關節炎或是其他病名；儘管微弱、黯淡、貧乏到X光無法檢測出來的程度，它仍有生命存在。

寬恕的解放力量

兩天之後，抱持著懷疑的想法與更加渺茫的治癒機會，我不得不重新檢視我的過去；因爲這一天，我得爲了貝爾維尤醫院的入院程序去進行面談，我已經跟瑪麗娜一起準備了這次面談的內容，有她陪在我身旁，著實是一大安慰。我該如何述說我的故事？我該如何將我在監獄中的恐怖經歷轉換成言語來形容與描述？

我的故事總的來說，既不尋常卻又很平凡。對於流亡海外的西藏人來說，這是很平凡的經歷；那十一個一起擠在廷禮公寓的難民，全都經歷過這樣的監禁、酷刑及肢體虐待，而這些都是沉默無聲的痛苦。誰能公開暢談這樣的痛苦？誰能跟從未在中華人民共和國的監獄中經歷「人間煉獄」的人們分享這些經驗？美國人在他們的國家中享有如此備受尊重的人權，以至於他們總是不能了解這些權利是多麼地珍貴，以及這些權利必須多麼努力地去捍衛。

「我們的憲法，」瑪麗娜解釋，「是以自由、平等及幸福爲基礎。但我們往往會忘記，從道德感來說，幸福意味著我們有責任使周遭的其他人幸福，而不僅是滿足我們自私自利的渴望。我們的民主從誕生之初，就是建立在幸福的觀念上；在另一個價值體系中看起來像是社會不公不義的現象，在美國則會被視爲一種違反道德的作爲。因爲以美國民主制度的邏輯來說，幸福仍是開國元勳銘記於憲法中的一項使命，是權利也是公民的義務。」

在西方流亡的這些年來，我已然了解民主並非意味著分享財富，但我注意到，民主確保了每個人以及所有人都能受到保護；對於遭受了基本自由被剝奪的我來說，這是首要之務。此外，美國的社會契約承諾個人，社會會爲他們張開雙臂、提供機會，不受其出身與原籍的阻礙。美國人共享著相同的夢想，最貧困的人知道，一個人的境況並非無可避免或不可改變；明天，他或她可能會變得富有而強大。但是當時，如此截然不同的環境讓我震驚不已，以至於完全失去了判斷能力；一切都是新的：生活方式、溝通與思考方式、行爲和語言。幸虧有瑪麗娜，賦予我解讀這個世界的基本關鍵，但我根本還沒找到自己的方向。

爲了得到進入「酷刑倖存者計畫」的許可，我將與心理醫生進行長達兩小時的會談。我知道這兩小時將激起許多痛苦的回憶與情感：首先，就是我身爲難民的現狀；我在貝爾維尤醫院接受到無比慷慨寬厚的待遇，但在此之際，我也失去了一切，包括我的健康。這次會談也將讓我回想起，我在中國監獄中遭受的、對人道的可恥背棄。我不再是人，而是淪爲卑劣的社會渣滓；我的身體因酷刑折磨而被撕裂、肢解，心理則因遭受可恥的對待而備感羞辱——我如何對身體健全與道德操守從未被踐踏的人們陳述這一切？感覺就像是我藉由展示自己被侵犯的人性，來攻擊他們完整的人性。

我從未告訴任何人我在監獄的經歷，包括我親近的人以及我的上師。當我逃亡之後遇見達賴喇嘛，我不需要對他描述我遭受的折磨；世界屋脊的監獄中發生的事，他再清楚不過了。他沒詢問我任何問題，只是默默地抱著我，然後說：「三個月的監禁與酷刑！這是一項嚴峻的考驗！但是對其他人來說，這項考驗可能持續十年、二十年！有些人甚至就這樣死了！」

因此，我了解正確衡量自己的苦難、別讓自己固鎖於痛苦的過去，是多麼地重要；否則，這項考驗與磨難將會被無限地延長，如此一來，我們就成了我們自己的施虐者。

二〇〇三年六月十七日，在「酷刑倖存者計畫」的辦公室，一位心理醫師正等著我的到來；她是有著洋娃娃般藍眼睛的年輕女子，帶著微笑向我打招呼。她的舉止態度流露出情感，帶著傳統的和藹善意，兩者都是美國社會關係的特徵；在過去幾週中，我尚未習慣這種相處的方式，所以對與我交談的某些人來說，我一定顯得相當粗魯。的確，我的文化並不是那麼地熱情洋溢。

雖然我可以看出這位年輕女子試圖對我的故事抱持眞正的仁慈之情與開放的態度，但當我提及我被拘留與遭受的酷刑時，我們之間很快就產生了一項誤解；我旋即意識到，西方人很容易陷入犧牲、受害的迷思當中。這也說明了當我拿我在獄中遭受的虐待來開玩笑時，他們的反應會如此驚訝並且顯得完全無法理解。

在這位貝爾維尤醫院的心理醫師提交的最終報告裡，會這麼敘述：「多傑先生的情感穩定，但有時似乎表達得不太適切。舉例來說，當他在詳細描述他遭受的折磨以及倖存的過程，他會有微笑、歡快、甚至大笑的表現。」

如果我表現得更像他人的出氣筒、以含淚控訴的言語來表達我的感受，會讓她更容易理解並感同身受；我對施虐者抱持的哀訴、憤慨、怒氣及仇恨等情感，毫無疑問地也會讓她更同情我。在我們的會談中，我的感覺是，她想把我逼入某種情境之中去指控折磨我的那些人；那時候，我突然放聲大笑。

我怎麼能表現出自己並未感受到的仇恨？

事實上，在這一天，即使我只是身無分文的難民、腿上有著壞疽的病人，我也不是受害者；受害者是看守我的那些獄卒。我逃離了監獄，他們呢？他們被囚禁在惡性循環中，那會在今生與多個來世之中糾纏著他們！

心理醫師並不了解我笑的是那個荒謬的想法：憎恨對我展現出如此強烈憎恨的人。在我被監禁期間，那些不認識我、我也從未傷害過他們的人，可以極其無情地折磨我，我經常對此感到震驚；我對於因果業力思索了許久，如今發生在我身上的事，只是前世負面的心念，導致我傷害並帶給其他眾生（包括人或非人）痛苦的結果。折磨我的人並非我的敵人，眞正的敵人不在我們身外，而在我們內心之中，以自私、貪著、自我珍愛的形式面對我們。因此，我笑的是這個想法：仇恨、復仇的渴望、憤怒，是多麼荒謬的情感；我也希望藉由笑來使瑪麗娜與心理醫師放鬆心情，沒想到，我反而讓她們變得更緊張了。

有時候，我想到折磨我的中國人民武裝警察部隊官員所造的惡業，我會深切地同情他們、熱淚盈眶地爲他們祈禱，甚至多於爲其他人祈禱，而且我完全原諒他們；就因爲我寬恕了他們，我希望有一天，他們能盡快擺脫自己地獄般的業力果報。

從表面上看來，他們是施虐者，而我是被害者；但實際上，我們全是被害者。我是他們的人體沙包，而他們則是自己無法控制、毀滅性情感的受害者。由於他們爲保有自己家庭的微薄生計而犯下的罪行沒能得到淨化，他們將經歷重生爲餓鬼、處於熾熱或酷寒地獄般的生物或是動物等可怕折磨……我如何能得知？我將我所有功德善根的正面能量迴向給他們，希望他們終能尋得內心的平靜。

在跟貝爾維尤醫院的心理醫師談話時，我要如何跟她解釋，我在監獄中對因果業力與日俱增的深切理解，使我得以擺脫難以承受的負面情緒之重擔？我也從而對折磨我的人滿懷感激之情，他們比我的任何一位上師教會我更多的耐心、無條件的慈悲以及平等無私。每天，我都表達並奉上我對他們的祝禱，讓他們得以從自己因仇恨與憤怒而憂惱混亂的心理狀態中解脫出來。我面前的心理醫師是否聽過什麼是因果業力？我懷疑這會在她研究學習的領域當中，因爲若是如此，她的表達方式將會截然不同。

因果業力法則指的是，我們必須對發生在自己身上的事承擔一份責任。在幸福的情況以及人生順遂的境況下，我們較容易去接受這項法則；但是在逆境下，我發現這項法則是深沉的智慧之源，讓我得以與原本被我視爲惡劣而排斥的事物爲友。正如在寺廟接受訓練時，我禪修的一項基本教法所言：

當容器與內容物充滿了惡業，

將逆運轉變爲覺醒之道，
利用一切當下的緣境進行禪修。

因此，我毫不遲疑地接受了這樣的想法，亦即藉由我過去作爲的業果在這一世臻至成熟，從而創造出我被拘留的因；我很高興能消除這些惡業。而至於用難以想像的野蠻行徑殘酷對待我的人，這種心態也改變了我看待他們的方式。透過他們施加於我的折磨與痛苦，他們也爲我創造出轉變的必要條件。我怎麼能不對他們萬分感激呢？

當電棍的重擊如雨點般落在我身上時，我意識到因果業力的精微奧妙，我的身心靈皆禪修著偉大西藏聖人朗日塘巴（Langri Tangpa）[①]的經頌：

①朗日塘巴格西（1054-1123）以他所寫的《修心八頌》（*Eight Verses of Training the Mind*）聞名全西藏，並成為無數評論的主題。他被尊為阿彌陀佛（Amitabha Buddha）的化現。

性惡之眾生，
屈就猛烈苦，
見時如意寶，
難得願愛重！

我被逮捕

在這次會談中，當我對折磨我的人展現同情時，卻令心理醫師感到不自在，並要求我描述我被逮捕的理由及情況；當我告訴她，那是來自前世的因果業力，她表現得相當困窘不安。因此，我盡可能實事求是，只分享被核可進入「酷刑倖存者計畫」所必須的最少資訊。

一九九七年春天，在距離紐約市七千五百英里之遙的西藏，三十一歲的我應達賴喇嘛要求，回到了高城鎮附近的阿什寺，並被升座爲住持（abbot）。我在寺裡教導僧侶及俗眾基本佛法，那是他們被灌輸了四十年的共產主義之後，不一定能付諸實踐並且已經遺忘的部分。慈悲是我們文化中最珍貴的寶石之一，也是證悟之心。在《入菩薩行論》❶中，偉大的聖人寂天讚頌這種既無極限亦無偏見的大悲：

生此菩提心，如是我何幸；
滅死勝甘露，即此菩提心；
除貧無盡藏，是此菩提心；
療疾最勝藥，亦此菩提心；
彼爲泊世途，眾生休憩樹；
復是出苦橋，迎眾離惡趣；
彼是除惱熱，清涼心明月；
復是璀璨日，能驅無知霾；
是拌正法乳，所出妙醍醐。

我的職責就是解說慈悲之本質精髓，以及如何在日常生活中實踐這樣的慈悲。因此，我勸告民眾別遵循捕獵過多野鹿、甚至捕獵到該物種可能瀕臨絕種程度的中國習俗。這是對我的第一項指控。

❶引用自《入菩薩行論》：寂天菩薩造，如石法師譯，福智之聲出版社。以下引用《入菩薩行論》的詩文出處皆相同。

佛法的教導能使我們的心從根本無知（亦即痛苦根源）中解脫出來，我說到當心認清它洋溢著愛、散發光明的眞實本質，最終的自由將來自這樣的智慧。提及自由就是對我的第二項指控。

最後，我在阿什寺的法座上放了一幅地球上覺醒慈悲的化身——達賴喇嘛尊者的大型肖像，這是對我的第三項指控。

一九九八年十一月，我被判犯下了暗中顚覆祖國的罪行。審問我的官員來自中國人民武裝警察部隊，有著銳利凌厲、不停轉動的眼睛，胖乎乎的臉頰則讓我想起即將冬眠的土撥鼠；但他的言談與看似好脾氣的外表截然不同，他說起話來簡短草率、唐突無禮，聲調尖銳到極不自然。他命令我在公開場合或私底下都不得談論自由，也不得再對俗眾宣說任何疑似反政府的言論。他也要求我譴責達賴喇嘛。這些要求與警察部隊的「嚴打」運動不謀而合，這項運動的標語是「嚴打並消除分裂份子！」。我很快就會發現——儘管不知道這項運動、儘管說的是我自己——我就是他們眼中的分裂份子。

中國人最近在拉薩舉辦了一連串的正式會議，並在會議中重申加強強硬路線政策的必要性，並把焦點對準在鎭壓宗教機構，這些機構被認爲是「異議的溫床」。他們的目標是根除內部及祕密的分裂份子團體，尤其是像我這樣曾經流亡在外、後來又回到國內的人；人民武裝警察部隊懷疑我們與所謂的「達賴集團」有關係，這是文化大革命的死硬支持者們的絕對幻想。當局的主要策略是以寺廟與修道院爲目標的愛國主義再教育，防止反政府文件滲透的嚴厲安全措施，譬如達賴喇嘛的照片、宣揚法教的錄音及佛法書籍；持有任何上述物品等同犯下危害國家安全的罪行，可能會被判處數年的勞改。

許多附近的寺廟已經被軍隊徹底搜索、洗劫一空，好幾位喇嘛也都被逮捕了。在我被傳喚之後，我明白自己被逮捕是遲早的事。兩個月之後，一九九九年一月二十八日半夜十一點，警察逮捕了我。他們先帶我去公安辦公室，把我的手腳捆綁起來；接著他們朝我頭上扔了一個布袋，把我塞進一台轟鳴車子的拖車中。車子開了整夜，在某個時候，車子轉進了一條泥濘小徑上並減慢速度，看守我的人把我扔下車子；我站起身來，一邊的眉毛被割傷了，使得我的頭上沾滿了鮮血。我在黑暗中蹣跚地走了幾步，然後滑進了泥濘的車轍之中；因爲雙手被綑綁起來，我無法穩住自己的身體，所以我扭傷了右腳並再次摔倒在地上，這次是面朝下，被撞到的鼻子開始流出許多鮮血。接著來了一群士兵，把我從頭到腳、包括肚子痛毆了一頓；他們把我從地上拉起來，命令我往前走。儘管我眼冒金星、頭昏眼花，還有一條已然無法支撐我的右腿，我仍然設法往前走。但是當我前進速度緩慢時，這些士兵的拳頭又如雨點般落在我身上，更兇狠地毆打我。最後，我失去了意識，被扔進牢房裡冰冷的水泥地上。

監禁與脫逃

自此，我展開了生命中最艱辛難熬的三個月。羈押我的看守所當局希望我能坦承，我私底下有定期與達賴喇嘛通信，從而置國家安全於險境。每天都有人民武裝警察部隊的中國或西藏官員對我進行審訊，從上午十點持續到傍晚之前。這樣的安排持續了大約一星期，然後在五、六天之後被打斷了；而我經常遭受酷刑，目的就是爲了讓我坦承這些莫須有的罪名，然後我的供狀會被送上法庭，從而被判刑。就這些指控來說，我冒的風險是二十年經由勞改進行再教育，甚至有可能被判處無期徒刑；儘管如此，我斷然否認了指控我是分裂份子的一切罪行。我不是被達賴喇嘛收買、在流亡印度的藏人族群中受訓來從事間諜工作，我人生的唯一使命就是傳授佛法給受苦的眾生。

監獄中的飲食極其匱乏：早晚都只有一片麵包與生馬鈴薯湯。在這種情況下，我的健康迅速惡化。我腳上的傷口也變得更糟了，我試著請求住院治療；這並不容易，因爲即使是受傷的囚犯也無法被准許接受醫療，不然就是接受治療時爲時已晚。所以，那些倖存下來的人往往會有終身殘疾。我記得有個年輕的女尼，她於一九九三年春天在拉薩被逮捕時，被槍托打斷了胳膊；她在監獄中待了三年，這處創傷始終沒有痊癒，而她被迫從事清潔與菜園裡的活兒，使得斷臂的傷處更是雪上加霜。她被釋放之後，由於她的血肉已經在斷骨周圍增生，使得她終身都得帶著這個殘疾度日了。

一九九九年三月底，由於我的堅決要求，我在兩名警察的陪同下進入一間軍醫院就醫。我得到頗佳的醫療照護，腳踝也動了手術；外科醫生割開左右側的橫向切口，我復原得很快。然而我知道，等我完全康復，我就得回到監獄了。我會繼續被酷刑折磨，接受審判、然後被重判。所以我策畫逃脫，等我的腳夠強壯就開始進行。

守在我病房前的當班警衛，在午餐後一定會小睡片刻；他酣然入睡時，從我的病床就能聽見他的鼾聲。我想辦法找到平民穿的衣服，然後在一九九九年七月的下午，我穿上這些衣服，並趁警衛午睡時偷溜出病房——病房的門沒鎖。幸運的是，我的病房位於走廊盡頭，靠近服務用的樓梯；我走下樓梯，沒碰見任何人。最後的風險可能會發生在大廳，護理團隊中或許有人會認出我；我低著頭走路，把帽子往下拉、遮住我的前額，順利地跨過了門檻。接著，我搭上一台公車前往拉薩，並在那裡像個隱士般地住了將近一年。接著，在二〇〇〇年四月，我試圖越過喜馬拉雅山，前往尼泊爾與印度，奔向自由。

在貝爾維尤醫院，我第一次述說出這趟旅程的故事；它被歸結爲一場兩小時的會談，以及一份由「酷刑倖存者計畫」的心理醫師撰寫的三頁報告。那著實是一項難以訴諸言語的艱辛歷程。

6

權衡己樂與他苦

我的健康每況愈下

二〇〇三年五月二十三日，我因爲右腳踝罹患壞疽而住進貝爾維尤醫院。從那之後，不論是服用抗生素，還是每天對傷口的壞疽進行刮除治療，都無法改善我的病情，腐爛的傷口仍然發出惡臭，緩解疼痛的止痛藥是唯一有效的方法。

我諮詢了更多的醫生，他們都得出相同的決定性結論：膝蓋以下必須截肢。我的樂觀逐漸消磨殆盡，無論如何，我承認了自己的輕信；不，美國的醫療體系儘管取得了令人欽佩的成果，但並非全能。醫生們無法建議任何能使我的腿恢復生命的治療方法，而是不變地堅持它已然壞死；他們建議我不要再等待了，否則我要冒的風險不僅是膝蓋以下要截肢，就連髖部以下都得截肢。根據他們的說法，感染只會往上擴散並成爲全身性的感染。最後，我將死於敗血症或毒血症。

我每況愈下的健康似乎證明了他們的話是對的。八月時，我開始異常疲憊，即便整天躺在床上，我仍然感覺筋疲力竭；睡眠無法再讓我恢復精力，我早上醒來時，虛弱無力、呼吸急促的感覺不斷加劇。X光顯示了胸膜炎的跡象，伴隨有肋膜積液或發炎，也就是我的胸腔中有過多的液體；不僅如此，我的全身都出了毛病。我抱怨著揮之不去的劇烈腰痛，並且被診斷出波特氏病，一種由結核病引起的脊椎骨感染。他們幫我裝上了抗生素的靜脈注射。

我的脊椎脆弱到我無法挺直身體，有時，我必須穿上鋁與聚丙烯製成的堅硬背架，一個由綁帶固定的堅固硬殼，來保持我的脊椎挺直；背架邊緣則有成捲的泡棉，從腋下支撐住我的手臂。由於背架延伸了脊柱，椎骨的壓力得以被解除，腰椎支撐的重量也被減輕了。我有時會開玩笑說，我感覺自己就像好幾種動物的組合：穿上背架，我看起來就像背著人造硬殼的烏龜，而有著壞疽的右腳則像是大象的腿。

如今，我回想起來時不禁莞爾。當我無法立足時——從實際意義與象徵意義上來說皆是如此——烏龜與大象成了我的圖騰動物。當時，我不但眞的看見我的右腳逐漸腐爛，也逐漸失去了精神上的立足點。

在醫院裡，每天早上的刮除療程仍照常進行，不僅讓人痛不欲生，而且每次護士都會取出微小碎骨；現在，我了解當醫生說到「破壞性」關節炎是什麼意思了，我親眼見證我的身體正在碎裂瓦解：我的右腳看起來愈來愈像是完全壞死，而且這個過程在加速進行中。護士每天從膿液中清除出來的骨頭碎片愈來愈多，想看見健康組織重新形成的希望也愈來愈渺茫。

在這種情況下，怎麼可能不去想像感染造成的緩慢死亡正在我其他部位的骨頭中擴散開來？怎麼可能不去想像我的疾病就快要擴散到全身了？我可以從我的腳看出這樣的跡象，我無法看見我的脊椎，但我可以覺察到，我的疾病正在冷酷無情地摧毀一切。有些日子，我甚至無法坐下或站起。可怕的疼痛讓我失去了平衡，我意識到在這種時候，我的椎骨正在四分五裂，我注定要因我的病程而毀滅。

不僅身體痛苦，我的心理也十分痛苦——因爲我正處於懷疑的狀態，醫務人員給我施加的壓力愈來愈大，目的是要讓我接受截肢。他們說，一旦腳的問題解決了，他們就能把目標放在進行抗生素的治療上，並且專注於根除我的骨結核病。然而，每當我試著接受截肢的決定時，內心就會有個聲音不斷地強烈警告我：不要截肢！不要截肢！但是，萬一我得切掉我的腿才能活下去呢？這種內在的衝突使我灰心喪志，我在不斷的猜疑中迷失了自己。

事實上，我知道我失去了自己的立足點；以象徵意義來說，從我降落在美國土地上的第一天開始便是如此。我相信這顯示出我內在的壇城之中，土的元素極不穩定。這是漂泊失根的影響嗎？有些日子，我相信自己應該搭飛機回到印度（如果無法回到西藏），回到我熟悉的文化中，跟我的寺廟、上師、家人在一起。流亡生活對我來說，已然變得難以承受了；我想念童年成長的家鄉，想念群山以其動量往上拔升直達天際，就像令人嘆爲觀止的懸崖競賽。

如今，以我當時並未意識到的方式來看，我相信烏龜與大象象徵了一種本能，意欲附繫、錨定在大地之母的療癒與保護能量上。這些動物承載著這世界及全人類，同時也是智慧、平衡、穩定和長壽的象徵；在我面對身體的劇變及內心的混亂之際，牠們象徵著在大地之母的耐心上扎根。現在回想起來，我或許在不知不覺中意識到這些動物的保護力量，而這股力量或許幫助我活了下來。

瑪麗娜在醫院裡告訴我，美國被稱爲「龜之島」，因爲根據原住民傳說，美洲大陸的重量就擱在海龜的背上；在西藏，噴火的金龜是神聖的動物，也是覺醒能量與宇宙基礎的展現，牠的肚腹上畫著占星術對世界的詮釋符號。而以珍貴珠寶裝飾的白象，則負責抬起佛陀的寶座。然而，最常在我腦海中縈繞不去的傳說，卻是烏龜與漂浮的赤栴檀香木。在《妙法蓮華經》中，佛陀以烏龜要在茫茫大海中找到一塊浮在海面上、形狀完美的栴檀木之困難度，來比喻佛法是多麼難得值遇。在這個故事中，住在海底的烏龜既沒有腳也沒有鰭，肚腹如白鐵般灼熱，背上的殼卻如雪山般冰冷；在這種情況下，牠日夜不斷渴望的一件事，就是冷卻牠的肚腹、暖和牠的龜殼。

恰巧赤栴檀香木能冷卻烏龜的肚腹。在所有樹木中，赤栴檀這種神聖之木便宛如是人間的智者。因此，這隻烏龜熱切地希望能將自己拖拉到一塊赤栴檀的浮木上，而且這塊浮木還得有個剛好符合牠肚腹大小的中空之處；如此一來，牠才能把肚腹放在這塊木頭上以舒緩灼熱的感覺，同時又能照到陽光以溫暖牠冰冷的背殼。但是，自然法則僅允許這隻烏龜千年才得以浮出海面一次，所以牠很難找到一塊赤栴檀浮木。大海如此浩瀚，烏龜如此渺小，而赤栴檀浮木又如此稀少；就算烏龜幸運地找到一塊赤栴檀浮木，這塊浮木還得要有個中空的洞剛好符合烏龜的需求，這樣的可能性可說是幾近為零。如果中空的洞過大，烏龜會掉進去並且被卡在裡面，也會被遮住而照不到陽光；如果中空的洞過小，烏龜就會被海浪捲走，沉落回大海中。根據《妙法蓮華經》所言，這樣的困難度就像值遇佛法般，是幾乎無法克服的挑戰。

在我生命中這段艱難的時期，我不也遭遇到類似的兩難困境嗎？在這充滿世間苦難的茫茫大海中，有著壞疽的腳以及惡化椎骨的我，就像那隻沒有腳也沒有鰭的烏龜。我的身體承受著令人恐懼的痛苦，有時會讓我覺得就像是被刻上了烙印，宛如烏龜灼熱的肚腹，象徵著痛苦至極的八熱地獄；其他時候，痛苦卻讓我冷得渾身發抖，宛如烏龜冰冷的背殼，讓人聯想到八寒地獄的苦楚。

這隻爬蟲類動物得在海底待上一千年才能重新浮出水面，象徵了重生為人身是多麼地難得。當時，我的心被絕望與懷疑的浪潮淹沒，再也無法進入深沉的禪修當中；我不斷告訴自己，如果我在這種情況下離開人世，我必然會像那隻烏龜一樣沉落回大海，然後又得花上極為漫長的時間，才能被賜予另一個珍貴的人身。

更進一步地擴大這個比喻，被綁在背架殼中的我，已找到神聖的佛法栴檀香木，在茫茫大海的海面上極難值遇；但以我的現況來說，我正漂流在海面上。來自四面八方的攻擊，我動盪不安的心岌岌可危，極可能把我淹沒；如果我無法留在我脆弱的船上，我就會像那隻烏龜一樣，雖然奇蹟般地找到了神聖的梅檀香木，結果卻不幸地滑落並沉入海底。

這些想法只是使我愈發絕望。我睡不好，也沒了食慾，而且無法忍受疼痛。我無法再祈禱，日復一日，我陷入一種無法避免、即將滅頂的感覺。即使在監獄之中，我也從未有過如此灰心喪志的感受；痛苦與蔑視都是外在事物，我還是能讓自己振作起來，酷刑並未損耗我的韌性。然而在貝爾維尤醫院，疾病從內在扼殺我；隨著日子一天天過去，我無法克制伴隨著生理衰退而來的心理憂惱。

到了十月，根據X光檢查報告的結果，顯示了「完全被摧毀的踝關節」。我的病情愈來愈糟，兩個月的抗生素治療並未戰勝正在摧毀我身體中軸線的骨結核病。在這種情況下，每天的刮除治療有什麼用呢？它只會使我益發受苦，因爲我再也看不出它有什麼用處了。此外，我也無法再拒絕治療了，醫務人員已經給我下了最後通牒：我要不就接受醫療流程並準備動手術，要不就得結束我的住院治療。我獲准有延長的期限去考慮這件事，但我如果不接受傷口清洗的話，恐怕他們就會催促我出院了。

護理團隊對我的態度也改變了。他們對我說話時還是很和善，但我已經感受不到跟以前一樣的同情心；我被診斷爲結核菌的帶菌者，所以進入我的病房時，他們必須戴上口罩保護自己。他們也強迫瑪麗娜必須遵循這項做法。我可以理解他們這麼做的原因，我也不想傳染給任何人；然而，我怎麼可能會沒有宛如罹患了瘟疫、被拒絕與排斥的感受呢？

路人無怙依，願為彼引導

這種全然的悲傷之夜，使我的心籠罩在陰鬱與黑暗之中多久了？至少一星期，或許已經有兩個或甚至三個星期了。我臥倒在我的病床上，退縮到我的絕望心境中，想念我的家人與寺廟，我想，我是再也見不到這些了。

死在紐約市的想法令我難以忍受。我已經打聽過了，在貝爾維尤醫院，像我一樣既沒有家人也沒有錢的死者，屍體會先被置放在冷藏室的抽屜裡，然後才被埋進市立的公共墓穴中。對我來說，太平間就像是寒冰地獄中無處可逃的接待室；倘若沒有祈禱與法會導引我前往來世，我的心識將何去何從呢？我光想到就不寒而慄。

在一個心情低落而絕望的早晨，當護士來為我的傷口進行刮除，並清除化膿血肉排出的碎骨，我突然回想起印度聖者寂天的這段偈文，那是我極年幼時在果洛寺學過的：

路人無怙依，

願為彼引導，
並作渡者舟，
船筏與橋樑！
求島即成島，
欲燈化為燈，
覓床變作床，
凡需僕從者，
我願成彼僕。
願成如意牛，
妙瓶如意寶，
明咒及靈藥，
如意諸寶樹。
如空及四大，
願我恆成為，
無量眾有情，

資生大根本。

儘管器械戳進我的開放性傷口，儘管血與膿散發出難聞的氣味，我放鬆地笑了。護士在口罩下對我大聲說話，雖然我不明白她在說些什麼，但我看得懂她的表情；這麼多天以來，她只看到我隱藏不住的絕望心情，因此，她很高興看到我的臉上再度流露出平靜的神情。

我微笑，因爲在心裡覆誦偈頌表達佛陀慈悲的純淨狀態時，我感到被愛；我感受到自己是被愛的，而且我了解到，即使是在住院、有殘疾、健康狀況欠佳、可能傳染疾病的狀態下，我可以被愛，而且也可以去愛所有眾生。我明白我的身體罹患了重病，但我的心呢？

我的心並沒有生病。意識到這一點著實使我向前邁出了一大步，因爲幾個星期以來，我第一次開始祈請；我觀修著證悟者光芒四射的存在，並將其光芒散發給所有的受苦眾生。我衷心希望在受苦眾生跨越四條生、老、病、死的苦難之河時，佛陀的加持可以作爲他們的怙依。

這些日子以來，我一直執著於死於異鄉、遠離摯愛之人的恐懼，我腦海中縈繞不去的只有我自己的命運；無法溝通禁閉了我的心靈、折磨著我的心智，而我終於能再度敞開！我感覺解脫了，並且以某種方式得到了療癒；我從監獄中被釋放出來，但我卻讓疾病把我關在監獄裡，一個比牢房更糟的地牢，因爲它就在我的內心之中！我怎麼能自怨自艾、給自己加諸這一切精神苦難到如此程度？

我想到其他沒那麼幸運的人，那些無法獲得醫療照護的人。我曾經看過德里北部無家可歸者的生活條件，那是毗鄰馬吉奴卡提拉西藏區的印度區，位於亞穆納河河岸；每天都有人在赤貧的狀況下死去，可能死於疾病、營養不良、乾旱季節的高溫或寒冷冬季的低溫。清晨時，警察會上街巡邏，專門的小隊會把屍體包裹進塑膠袋中，然後把他們丟進傾卸車中，既不尊重也毫無人道。相較之下，我得以在這間美國醫院中接受定期治療與固定照護；我怎麼能這麼自私？我怎麼能浪費這麼多天的時間只想到自己、自怨自艾，卻沒想到有許多人可能對我的際遇豔羨不已？

我開始熱切地祈禱：

周遍諸方所，
身心病苦者，
願彼因吾福，
得樂如大海！

權衡己樂與他苦

瑪麗娜已經要求我教學很久了，她介紹我認識其他亦受教於羅伯特．瑟曼的博士班學生，他們對佛教哲學與禪修亦深感興趣；於是，我選擇傳授一本內文簡短的教法《佛子行三十七頌》，這是關於慈悲心的崇高開示精髓。

這是我第一次在西方國家授課，而且是在醫院的病床上授課。那些人雖然戴上口罩以避免感染風險，但在對他們講述時，我可以看出他們的雙眼警醒且充滿了情感，我試著播撒充滿愛的大悲心酵母，希望它們能在這些人的意識之流中發酵，發揮潛移默化的力量。

菩薩是從無明中覺醒的存在，以慈愛之能為眾生創造出利樂之因，並藉由慈悲解救眾生於苦難。在經歷了前幾個星期的痛苦折磨之後，愛與慈悲這些字眼對我呈現出了嶄新的面貌；現在，我感覺自己與所有存在領域的受苦眾生密不可分，我可以覺察到愛與慈悲的偉大覺醒；這些力量讓改變得以發生，並能將常人變成菩薩。當我經歷那種使人淨化、聖潔的痛苦，我得以窺見愛與慈悲的祕密。正如《佛子行三十七頌》❶中所言：

無餘痛苦源於自樂慾，
圓滿諸佛誕於利他心；

是故己樂他苦二者間，
如實交換乃是佛子行。

讀著這些文字，慈悲就像喜悅之河般，流經我全身，從我的心中滿溢而出，吸收了我身體的痛苦感受；我可以感覺到它充滿了療癒的能量。慈悲將世間以自我為中心的經驗連根拔起，被無法控制的本能所扭曲的現實感知，正是深沉苦難之因。我的上師們總是把自我描述成「邪惡的怪物」，並且這麼說：

❶引用自《佛子行三十七頌》：台灣噶千佛學會翻譯，以下引用《佛子行三十七頌》的詩文出處皆相同。

世間所有的暴力、危險、苦難，
皆來自我們對自我的貪著；
你該拿這隻怪物怎麼辦呢？
如果你不放棄你的私心，你將不斷承受無盡痛苦，
就如同你不把手從火中抽回，
你就無法避免手被火燒傷。

菩薩的愛無條件地承受了眾生的苦難。一旦心的眞正本質被喚醒時，就是非二元經驗的無限領域被開啓的時候了；於是，慈悲遇上了智慧，然後在最終的層面上，愛完美地實現了凝聚所有生命、相互依存的緊密連結。

因此，在二十年後，距離西藏七千五百英里的遙遠他鄉，我回想起吸引我去到彌勒佛與宗喀巴所在淨土的夢境，激發了我熾熱的情感。經歷四個多月身心極度痛苦的煎熬，我終於重新找回自己爲眾生奉獻生命的初衷：

周遍諸方所，
身心病苦者，
願彼因吾福，
得樂如大海……
願眾無苦痛，
無病未造罪，
無罪不遭輕，
畢竟無不樂……
願盲見行色，
聾者常聞聲，
如彼摩耶女，
孕婦產無礙……
願裸獲衣裳，
飢者得足食，
渴者得淨水，

妙味諸甘飲……
願貧得財富，
苦者享安樂，
願彼絕望者，
振奮意永固……
願天降時雨，
五穀悉豐收……
願藥具速效，
咒語咸靈驗……
願諸病有情，
速脫疾病苦，
亦願眾生疾，
畢竟永不生……
願畏無所懼，
縛者得解脫，

弱者力強壯，
心思互饒益……

【第三部】

禪修與療癒

顯空無別如同虛空般，
心則無中邊矣定日人。

——帕當巴桑傑

7
你爲何向自身以外
尋求療癒？

我寫信給達賴喇嘛

二〇〇三年十一月，醫生給我的最後通牒已然迫在眉睫。時序已進入秋天，在紐約市的貝爾維尤醫院接受了六個月的治療之後，我的病況愈來愈糟。壞疽仍繼續化膿，不斷粉碎我的右腳踝骨。最新的X光報告顯示，踝骨已完全被摧毀，病症更開始侵蝕脛骨底部。抗生素治療無法限制其進程：既無法阻止胸膜炎、也無法抑制骨結核病。在這種情況下，遵循醫生的建議並接受截肢，是更合情合理的做法；然而，我內心的聲音仍繼續警告我，我必須拒絕截肢手術。

肢體的傷殘當然會使人失能，但隨之而來的是另一個問題。切掉我部分的腿，也意味著摧毀了精微神經系統對應的肉體支撐部位，其後，這將會是我練習內在能量瑜伽時的障礙；因爲在進階階段時，這項練習要求生命力得以在完整的身體中循環。即便是在死亡的過程中，盡可能保持經絡與脈輪的完整性也是必要的；因爲我們的心識會經由九大脈輪門戶其中一門——包括位於囟門上通往梵天之門，以及上方與下方的孔竅，離開我們的肉體。但是，唯有位於頭頂的頂輪是一道「白」門，其餘的門都是「黑」門；因爲，後者是通往低等生存境界的重生之門。爲了成功地將人的心識從頭頂射出，命氣的能量必須保持在正確軌道上並且不能被堵塞住。由此可見，保持完整的能量精微體及與其相互關聯的身體，是多麼地重要。

由於我心中充滿了類似的問題，瑪麗娜出於好意地提供了我一個建議：她告訴我，羅伯特．瑟曼兩天後要前往達蘭薩拉；瑪麗娜告訴過他關於我的事，如果我有意願的話，他同意幫我傳達訊息給達賴喇嘛，我可以向他說明我的情況，並懇求他建議我該做什麼樣的決定。

達賴喇嘛是我今生與生生世世的庇護源頭。每天早晨當我醒來時，我會觀想他就在我的頭頂上方，散發出慈愛的光環照亮我的一天；到了傍晚，我會祈請他降臨到我心輪之中的蓮花杯上，然後我會闔上圍繞這道神聖之光的蓮花花瓣，讓它從我的內心照亮我。我日夜都爲世間慈悲之佛的化身達賴喇嘛誦念祈願文，他在我內心的存在，已經幫助我度過在監獄中最痛苦的時刻，並支持如今在貝爾維尤醫院承受磨難的我。想到能夠把這個決定留給他，我感到平靜而寬慰。

儘管我急切地想寫信給昆敦，但這封信必須符合嚴格的禮節。爲了這封非常特別的信，我求助於佩瑪多傑。透過廷禮的傳達，這名僧人已經在紐約市的藏族社區中聽說過我，而當他來看我時，我總是很高興；他會幫我做美味的素食饃饃，一種西藏的蒸餃，並帶給我糌粑跟犛牛奶酪。我不僅感謝他帶給我這些菜餚，它們爲醫院尋常而平淡的伙食添加了變化，而且他令人快活又溫暖熱情的陪伴，對我來說更是一大安慰。此時此刻，他是我在紐約市遇到的第一位也是唯一一位僧人，他的故事彷彿是所有流亡海外藏人的故事縮影：經由各種慘痛事件的失落、分離、對摯愛之人的哀悼，標記了兩個世代的西藏人。

佩瑪多傑比我年長十歲左右，出生在世界屋脊阿里地區的高草原上，西藏西部沿著拉達克邊界的一個遊牧家庭，他的父母擁有大群的犛牛、馬、羊；每年，他的父親納剛格都會帶一小隊有篷卡車前往尼泊爾，以產於鹹水湖岸的鹽、黃油、緊密編織的犛牛毛等物資來交換米、玉米、小米、辣椒以及紙張。佩瑪對他的出生地有著美好的回憶，那是一個岩石會祈禱的壯麗所在，由「冰雪的珍寶」康仁波切（Khang Rinpoche）——西藏對吉羅娑山的暱稱——守護著。他回想起瑪那薩羅瓦湖（Lake Manasarovar），宛如迷人的鏡子，映照著轉瞬即逝的雲彩行經鈷藍色的天空；這座湖被暱稱爲瑪旁雍錯（Mapham Tso），意思是「無敵者」，據說它在這片神聖水域中蒐集了全知心智的無限力量，並以其戰勝了幻相。

佩瑪一家人受到中國人民解放軍的威脅，不得不在一九六〇年離開這處廣袤無垠的仙境，並將他們的牲畜託付給一位年長的阿姨跟她的兒子來照顧；然而在逃亡途中，他們還是遭到中國巡邏兵的攔截。佩瑪的父親與兩個叔叔都被送進監牢，而只有他的父親從這場慘絕人寰的牢獄之災中倖存下來。被釋放出來一年之後，他與家人團聚，但他的家人們則跟其他的游牧民族一起被集中在可憎的監獄中，生活條件極糟，食物與衛生狀況也慘不忍睹，他的父母在一週內相繼死亡；佩瑪的母親臨終時，要他答應將以平等的善意與慈悲來對待眾生。她臨終的願望就是希望佩瑪可以不惜任何代價地去到印度的達蘭薩拉，在達賴喇嘛的教導下接受佛法教育並成爲一名僧人。一九七五年，佩瑪二十二歲，他申請進入乃瓊寺，也就是西藏流亡於達蘭薩拉的國家神諭處總部；之後，一九九四年，他來到紐約市尋求庇護。在我遇到他的時候，他已經是乃瓊基金會的祕書以及專爲紐約與紐澤西藏族社區設立的週日學校校長。

佩瑪多傑跟我一見如故，不僅因爲我們都是僧侶，更是因爲我們藉由艱困經歷淬鍊出來的韌性而深有共鳴；不像其他糾結於仇恨與憤怒情感的西藏人，我們對中國的兄弟姐妹們深感同情。但我們之間的情誼尙不止於此，因爲我們的關係還可以回溯至我們的前世。

在我所有轉世化身的經歷中，帕雅仁波切與乃瓊護法（Nechung Oracle）的命運曾經在不尋常的情況下交會。乃瓊住持也是達賴喇嘛的私人護法，亦擔任著西藏流亡政府的副部長職務；身爲密宗法教傳播的護法，他被視爲一名吹忠（ku-ten），也就是神靈的人形化身，在出神狀態下可以接收訊息與預言。「就像我會徵詢幕僚的建議或是捫心自問我的良心，我也會尋求神諭的忠告。」達賴喇嘛曾經如此承認。

我的前世，也就是第七世的帕雅仁波切，在一九二六年的冬天剛好來到拉薩；當時三十三歲的他，正好前來這座神聖的城市朝聖，遇上第十三世的達賴喇嘛在哲蚌寺傳授灌頂。於是，他也在七千多名僧侶中毫不張揚地默然坐下，身著雲遊四海的瑜伽士法衣，看起來跟其他僧侶沒有兩樣，但乃瓊護法一眼就認出了他，來到他面前向他禮敬並獻供，稱呼他爲日巴帕津巴

（Rigpa Zinpa），亦即「心的明光持有者」。乃瓊護法邀請仁波切跟隨他，並陪同仁波切來到台前，請他坐在第十三世達賴喇嘛的腳下。

八〇年之後，二〇〇三年的初冬，遠離西藏的我在紐約市的醫院裡，而一位來自乃瓊寺的僧人來到了我的病床邊。只是這一次，是爲了撰寫要傳達給第十四世達賴喇嘛的訊息；業力巧妙安排著時空，用看不見的絲線織成了我們所謂的命運。

我很高興看到佩瑪多傑出現在我的病房門口。他不高但肩膀寬闊，有著高聳顴骨的三角形臉龐總是因他對眾生的慈愛而顯得容光煥發、平靜沉著。他在美國還是維持著僧人的身分，但只有在宗教法會與社區慶典時會穿上他的袈裟；白天，他在建築工地辛勤地工作，所以他寧可穿著平民的便服。而我的選擇則跟他不同，我仍然穿著我的袈裟，儘管廷禮從我抵達之後便一直要求我將袈裟留在櫥櫃裡；拄著枴杖走路的確不容易，我的袈裟只會更礙事，我得非常小心才不會絆倒。同時，穿著這樣的衣服會讓人們更注意我；而當我們經過人群，人們全都轉頭看我時，廷禮感到極爲尷尬。

但是，袈裟對我的意義遠非平常的簡單服飾；我在剃度受戒時接受了我的袈裟，它象徵了爲眾生奉獻我的生命。穿上這套服裝，我宛如披上了佛陀的祝福，讓佛陀的愛散發、照耀在他人身上。在醫院，儘管護士大力讚揚醫院的病服穿起來舒適多了，我每天早上還是把我的深紅色袈裟穿在藏紅色襯衫外頭。

但就算佩瑪多傑看起來不像僧人，他也體現了僧人平靜、十足謙卑、喜悅的特質。我昨晚打電話給他，他今天下午就來看我，因爲今天星期一是他的休假日。我們一起準備我寫信給達賴喇嘛的措辭用語，並用足以表達虔敬之情的既定公式寫給他：「慈悲聖尊」（Holy Compassionate Lord）、「妙樂」（Gentle Glory）、「如意寶珠」（Wish-Fulfilling Jewel）以及「寶勝者」（Precious Conqueror）。首先，佩瑪多傑抄下一份虔誠的祈禱文，以佛經華麗的詞藻風格來致敬並讚揚昆敦的不凡了悟：

嗡梭地！諸佛菩薩之化現，一切智愛功德力，具足圓滿相顯現。

慈悲化身蓮華手，手持白蓮觀自在，幻化藏紅袈裟相。人間之至尊導師，世間之和平使者，雪域眾生救護主，大能之最勝尊者。丹增嘉措，吾等謹以滿懷虔敬之情獻供予您的身語意！

正等覺佛淨土現，苦難世間自示現，施出離與了悟智，學究能者如浩海，傳承佛經與密續，頂禮供養白蓮尊。

三界眾生齊熱望，祈願親炙尊者容，祈願聆聽尊者言，光照大地遍四方，世間最勝無倫比。

接著，我們簡單而直接地敘述了我的問題。首先，我們回溯了一九九四年時，昆敦正式認證我爲第八世的帕雅仁波切，阿什寺的法座持有者。去年四月二十六日，我帶著他的祝福啓程前往美國；抵達之後，我的右腳就被診斷出罹患了無法治癒的壞疽；我該接受右腿膝蓋以下的截肢，還是我該尋求其他的治療方法？

待我們打好草稿又反覆閱讀了好幾次，寫得一手好書法的佩瑪多傑便將信件內容以金色墨水寫在淺綠色的美麗有機紙上，那是他爲了這類場合而特別購買的紙張，最後我再附上我的簽名。當瑪麗娜下午來取信時，信封也已經準備好了。瑪麗娜會親自拿給羅伯特．瑟曼，而他第二天早上即將啓程飛往達蘭薩拉。

達賴喇嘛很迅速地回覆了。五天之後，十一月十六日，瑪麗娜接到羅伯特．瑟曼打來的電話，然後她打給我；當她傳達給我達賴喇嘛回覆的訊息時，我的心怦怦地跳，因爲剛好這時，曼哈頓正下著一場雷聲轟隆的大雷雨，我得請她重覆說好幾次才聽得清楚，每個字都宛如銘刻在我的記憶中，令我永誌不忘。

「你爲何向自身以外尋求療癒？」昆敦問我，「療癒的智慧就在你的內心，一旦痊癒了，你會教導這個世界如何療癒。」

這項訊息以二十五個藏文寫成，這二十五個字決定了我的命運。

訊息還有些其他的指示，包括了有幫助的練習建議、適當的觀想以及誦念的咒語。

病由心生

昆敦並未叫我拒絕截肢，他只是試煉我、質疑我。事實上這幾個星期以來，我一直在反覆思考這個問題。我來到美國，深信美國先進的醫療體系必能輕易地治好像我這樣的人——正當壯年、被高原簡樸而健康的生活方式鍛鍊得身強力壯的人。掌握了這麼多驚人技術的西方文化，怎麼可能不知道如何治療我腳踝的病症？我花了好幾個月才了解，事實並非如此。

「你爲何向自身以外尋求療癒？」

當我內心的聲音第一次告訴我別接受截肢，我的確聽從了它的話，因爲我拒絕了醫生們不斷催促我接受的手術療程；但是，我並未深入思考這件事的原因；我並未努力去了解這個聲音從何而來，也並未深究它要對我揭示什麼。我會如此處理，正是因爲我原本期望能從自身以外得到療癒，一種適時而幸運的療癒。我把希望都放在西方科學上。

如今，我承認我罹患的病狀已非現有治療方式可以治癒。從醫學觀點來看，我的病是不治之症；此外，我的醫療照護者也已經放棄了對我的希望。打從一開始，他們就不斷重覆地告訴我，我的腳踝已然壞死，我等得愈久，我的腿也會跟著壞死；如果發生了這種情況，我的結果就只有死路一條。從外在與生理層面來分析我的病症正是如此，更別說X光片、組織分析、血液檢測也都支持並確認了這項結論。大勢已定，我宛如被頒布了死刑的執行令。

「你爲何向自身以外尋求療癒？」

達賴喇嘛在詢問我這個問題時，也同時提醒了我，如果醫院無法治療我的壞疽，並不代表它就是不治之症。它不是致命的，而是可以被治療、甚至可以痊癒的——透過另一種治療方法，而不僅是肉體上的治療。昆敦敦促我去意識到，我的疾病眞正的本質爲何。

佩瑪多傑告訴我，一位來自尊勝寺（昆敦的私人僧院）的年輕僧人遭遇的悲劇。他的名字也叫佩瑪，他是達賴喇嘛最喜愛的藝術家，聰明絕倫且才華洋溢，可以說寫流利的英文。他在紐約市進修，受教於羅伯特．瑟曼並被授予哥倫比亞大學的碩士學位。後來，他突然出了嚴重的健康問題，肺部長了一個腫瘤；除了諮詢西方的醫生，他也諮詢了西藏的醫生，而後者是建議他不要開刀。他們診斷出來的病因並非身體的問題，而是由水神那伽（naga）引起的；在達蘭薩拉達賴喇嘛的住所，佩瑪曾經參與過將寺廟獻給水神作爲祭祀之用的法會，或許他在未察覺的情況下，冒犯到這些極爲易怒的神靈；這些神靈如今因環境汙染及森林砍伐而遭受強烈痛苦，因爲水道與林木正是其棲居之所。

佩瑪無疑對美國的醫療體系信心滿滿，就跟我剛到貝爾維尤醫院時一樣。醫生懷疑他罹患了肺癌，催促他接受手術治療；於是，腫瘤被切除了，之後的切片檢查顯示這個腫瘤是良性的，但是傷害已然造成。爲了移除這些纖維組織，醫生不得不切掉一段氣管；因此，佩瑪總共進行了五次的侵入性手術，並取出一段腸子來重建氣管。最後，他死於這些手術的併發症。

佩瑪離世之前，羅伯特．瑟曼曾到加護病房看望他；就在他離開人世的前一晚，他帶著堪爲典範的靈魂力量，一如往常地愉快說笑。他要鮑伯爲他保留獎學金，說他下次轉世時會用得上，屆時他將回哥倫比亞大學繼續寫他的博士論文！

「你爲何向自身以外尋求療癒？」

就像佩瑪，我的病因也可能是來自內在；當時，西藏的醫生懇勸佩瑪不要動手術，而是進行閉關禪修並念誦特定咒語。當人們受到那伽影響時，對應到能量層面是水元素的不平衡，對應到身體層面則是痰黏液的不平衡。多虧了安撫勸解的法會，自然的和諧才得以重建並恢復。

在西藏時，我經常舉行獻給水神那伽的法會，因爲河神以及整個自然界的神靈，都深受中國人對環境的剝削濫用之苦。後來，羅伯特．瑟曼也邀請我每年到訪門拉山，那是位於紐約卡茲奇山地區的一處佛法靜修所，以便爲棲居於該地區的偉大水神舉行法會。達賴喇嘛在某一次的拜訪中，曾經為這裡的水神加持，我也將得窺這位神靈；有一天，水神將會把碩大無比的頭探進我的窗框之中，然後在瞬息之間消失無蹤。

《佛說入胎經》

尊勝寺僧人佩瑪的故事令我陷入深思。我想起佛陀給他的同父異母胞弟難陀王子的教誨，這個年輕人深受他妻子孫陀羅（Janapada Kalyani）的美色迷惑，眼中只有她的存在，她的肉體魅力使所有交際花與名妓都相形失色。她讓難陀宛如置身極樂天堂。為了讓他分散對輪迴的注意力，即造成無數苦難與折磨的聲色娛樂，並導引他走上修行的道路，覺者向他說明了生命被制約的無盡苦難。這就是《佛說入胎經》的主題。

根據佛陀法教，人身的折磨始於受孕的那一刻，也就是在即將出生嬰兒的心識與父母的細胞融合之際；接著，它會感覺彷彿跳進大鍋之中，在熾熱的地獄中沸騰。再接下來幾週，頭與四肢的形成會造成極度拉伸的感覺，彷彿在酷刑輪上被分成四等份般痛苦。當胚胎在子宮中開始發育時，它會受到壓迫、感覺要窒息並被壓垮了，彷彿置身於巨石之下。隨著時間一週週地過去，它對這個住所的四種汙濁悶熱之憎惡有增無減，因為空間變得愈來愈有限。出生時，它會感覺彷彿被陰道勒住頭頸。在經文中，佛陀繼續藉由說明新生兒一進入這世間就會被影響的四大類疾病，來描述有條件生存的不利缺點。

第一類疾病是良性的，會自行痊癒。第二類疾病較爲嚴重，但有方法可以治療，病患也會康復。第三類疾病則對治療沒有任何反應，所有療法都注定要失敗，但仍然可能以修行來對治。最後一類疾病是不可逆的，與死亡的業力息息相關，儘管採行了各種藥物與治療，結果注定是致命而枉然的；服用藥物只是徒勞無功，甚至可能因爲擾亂了心識離開身體的自然過程，而徒增病患的痛苦。

「你爲何向自身以外尋求療癒？」

這個問題使我陷入深思。我承受的病痛是哪一類呢？直到此時，沒有任何醫療流程是有效的，我已經試過各種療法；如果是在印度，我可能會以爲接觸到西方醫療，還有機會被拯救。但是，待在紐約市的這六個月證明了事實並非如此；我患病的業力之因，使得現有的醫療方法對我的病症不起任何反應。如果我相信昆敦的訊息，那麼我還有若干希望，或許業力之因尚未嚴重到將導致我的死亡；因此，我的病屬於第三類的疾病。我有理由相信這項病症的緣起，與我的轉世之謎密不可分。我必須在我修行傳承的記憶中尋找這個謎題的解答。

二十八歲的我，原來已經一千兩百歲了

一九九四年春天，我正在進行哲學與閉關禪修交替進行的長期學習課程。要取得備受敬重的格西拉然巴學位得花上二十年的時間，如果轉換成美國學術界的用語，那麼這個學位大概相當於神學的博士學位，雖然美國的學位並不包括禪修的範疇。但在哲學與心理學層面上的研究其實並無二致。

在卡納塔卡邦邁索爾附近的色拉昧寺，我的日子在學習與祈禱中度過。我的導師們都是溫和仁慈、考慮周到、滿懷善意的偉大瑜伽士，其中有些甚至是已臻了悟、覺醒之境的僧人，只是因爲他們始終極爲謙卑而不引人注意，以至於無人覺察，往往要等到他們圓寂之後，他們的證悟層次才會被人發現。我的導師格西洛卓的情況便是如此，他維持了十四天的「圖登」（tukdam）定境，也就是死後法身禪定的狀態；當時是炎熱的夏季，在我們空間狹小的住所，悶熱的天氣溫度高達令人窒息的華氏一〇四度以上，既無電扇也無空調。但儘管在如此高溫之下，他的屍身也並未腐壞，甚至散發出光芒與香氣。一直到他打破了自己的圖登定境，身體組織才開始快速腐化；從他火化之後的骨灰中，發現了大量的神聖遺物——白色舍利子（rinsel），宛如散發著燦爛光輝的小顆珍珠，是覺醒生命在離開人世之際留下來的最終祝福。

自一九八五年以來，我一直跟著這些和善無比的導師們學習，儘管生活條件因食物匱乏而

十分艱苦：我們往往早餐只有一杯奶茶，午餐只有一碗米飯跟扁豆，晚餐則是半片麵包。我們全都瘦得皮包骨，兩旁的耳朵和消瘦的臉頰相較之下似乎大到不成比例。有一次，我的室友生病了，導師要求我花時間照顧他，但我因此無法準時地出現在食堂，我的命運變得更悲慘了：傍晚的祈禱之後，由於我來不及吃到寺裡那一頓少得可憐的晚餐，只能徒勞地用掌心來加熱並軟化馬鈴薯；想當然耳，我沒辦法把馬鈴薯煮熟，所以最後還是只能生吃它們。在像這樣的時候，我有時會流下想家的淚水，想念母親滿懷著愛為我準備的飯菜。然而，儘管饑餓感在我的肚子裡激烈翻攪著，我的心仍充滿喜悅與平靜，我大部分時間都遵循著導師們的善意指示，用在研讀與禪修上，而不需要娛樂。

現在，我即將年滿二十八歲，並準備在六月的雨季開始前參加年終考試。住持就在這時派人來，召喚我前去他位於大廳旁的住所；我依照慣例，在他面前俯伏跪拜了三次。他端坐在高床上，那座高床他白天用來當成法座、晚上則用來當作床鋪。在隔板牆的另一側，僧侶們正誦念著晚禱。我疑惑地抬起眼睛，好奇地想知道他為何召我前來，他那斧頭般的臉突然露出了燦爛的笑容。

他戴上眼鏡，開始為我鏗鏘有力地讀出一封信的內容，而我認出那封信的紅墨封印屬於達賴喇嘛。昆敦宣布，應高城鎮的阿什寺僧侶們之請，他一直在尋找第七世帕雅仁波切、也就是阿什寺法座持有者新的轉世化身；不可或缺的祈禱與占卜預測皆顯示，第八世帕雅仁波切的轉世化身名叫依希多傑，是出生於涼曲山谷的男孩，在火羊（Fire Goat）年五月十日（亦即西曆的一九六六年六月二十四日）出生，母親名爲索南卓瑪。依希多傑剃度受戒爲僧，法名爲洛桑頓珠，目前在色拉傑寺學習修行。

當我聽到我出生的確切日期、我的名字、母親的名字、家鄉的山谷名稱以及我作爲僧侶的法名，我意識到那封信是在說我的事。然而，當住持宣稱：「你的頭銜是帕雅仁波切，尊者達賴喇嘛賦予你轉世的名字是阿旺·桑格拉布·丹增·格列克·嘉措，亦即『強大之音』、『覺醒之言』、『佛法與美德的持有者』、『勝利之海』之意。」我感覺他在講的彷彿是另一個人。

我說不出話來，只是呆若木雞、兩眼發直地凝視著虛空。住持問我有沒有問題，但我還來不及說出任何話，他已經先表達了他的喜悅：他向第八世帕雅仁波切致敬，並對我獻上他最誠摯的祝福，祝福我圓滿使命：「帕雅仁波切累世是有名的上師。持有死亡之際遷移神識的傳承，以及圓滿的智慧撫慰苦難。你現在是色拉昧寺中最好的學生之一，一位極爲謙卑且純潔的僧人；對你來說，繼續你的課業直到你完成格西拉然巴的學位是最好的。有了昆敦的祝福，你將幫助許多人覺醒。我向第八世帕雅仁波切，人中之獅，致上最崇高敬意。」

我遲鈍地回答，我很滿意於自己的現狀，身爲僧人，我已經擁有一生中想要的一切；在僧院學習期間，我別無所求。住持笑著說，他會給我一些時間仔細考慮；我們可以過幾天，等到我考完試再來討論。

當我走回房間時，輕柔、渾圓的溫暖雨滴開始落下；在季風之前到來的這場陣雨，帶來舒緩一天熾熱感的清新活力，也同時平息了我被達賴喇嘛認證的消息在我心中引發的巨大騷動。我讓雨水浸濕了臉頰，這時的雨滴，彷彿是來自天空的徵兆以及來自空行母的祝福；這些神靈、虛空之母、瑜伽士的守護神，都邀請我一起歡慶業力的美妙成就。但對於我授銜的喜悅與慶祝，就要再等會兒了，目前，我選擇回歸學習並專注於複習我的課業。我對於自己在西藏與南印度寺院度過的這十五年很滿意，一點兒也不想承擔仁波切的責任。

過了三個星期，當住持再次召喚我去見他時，我就大著膽子這麼說了。我考試的成績斐然，我表示，我想維持現狀就好；等到我拿到格西的學位，我就能傾囊相授佛法並致力於解救眾生脫離苦難。這一次，住持換上了一副嚴峻的神情；他把昆敦的信拿給我，冷冷地說：「你自己回覆達賴喇嘛吧，告訴他你已經被告知並且充分了解事實，你要聲明放棄擔任第八世帕雅仁波切。」色拉昧寺的住持把我放在我的命運面前了：我膽敢對他說不，但我絕對不敢對昆敦說不。

我的一生突然變成了好幾生、好幾世。

二十八歲的我，原來已經一千兩百歲了。

帕當巴桑傑，我第一次的轉世傳承

轉世的歷史是一段耳語般的記憶，在人與人的心智之間流傳著，因爲許多獨特而無價的手稿，不是在文化大革命期間被摧毀了，就是沒能到得了流亡之地，也就是印度。因此，我們沒有先前的帕雅仁波切所有傳記的書面形式；這些以華麗詞藻、聖人傳記形式修飾寫成的文本，在藏文中被稱爲納塔（namtar）或是「生命解脫的故事」。①因爲找不到我所傳承的前世之納塔，我便去見色拉昧寺的一位老僧人，他小時候曾經是阿什寺帕雅仁波切的僕人；他提供了資訊，關於我的輪迴轉世故事，他對我的前任非常忠誠也極爲摯愛。滿臉皺紋、老淚縱橫的他，告訴我第七世帕雅仁波切爲何不得不消失並躲藏起來，以逃離一九五〇年代在西藏東部風聲鶴唳的激烈迫害；他在偏僻洞穴中，宛如遁世的瑜伽修行者般離開人世，而當時仍是他僕人的這位老僧人，便決定加入達賴喇嘛，流亡到印度。

再往前追溯我的傳承記憶，我第一次出生是在七四〇年的中印度，我是那爛陀寺的學者，剃度受戒的法名爲蓮花戒。當時，應赤松德贊王之請，我去到西藏；在桑耶寺的辯論②，我打敗了中國的禪師、禪宗北宗的領導者堪布摩訶衍，後者傳揚的是謬誤的佛法觀點。這是歷史上極爲知名的佛法辯論。正當我被任命主持宗教儀式之際，蓮花生大士要我去中國傳法；於是，我花了八十年的時間待在中土，清除無知的佛學教師們所宣揚的謬誤詮釋，同時建立正信。

當我認爲自己的使命已完成時，我告訴眾人我想離開了，但我的弟子們不想聽到這個決定，於是他們賄賂渡船夫，叫他不准把我帶到河的對岸。當我在匆忙中試圖離去時，我掉了一隻拖鞋；等我來到渡河的淺灘處，渡船夫宣稱沒有任何渡船可以讓我渡河。於是，我在水上放了一片蓮葉，我踏上葉子，把它當成一艘小船。騎著老虎的女神，從她前額的智慧之眼生出一匹紅色皮毛的神奇母馬，用牙齒咬住我的拖鞋，並在頃刻之間就把它帶回還給了我。

因此，我的第一個化身是一位大悉達或稱「大成就者」，進入了金剛乘藏傳佛教傳統的所有壇城。天生具備了慈悲心並珍惜他人更甚於自己，我一生當中，始終深切利益著我周遭的所有人。如果我們願意相信某些神祕的故事，那麼我必然已經揭示了永生的成就，享壽五百七十二歲。

---

① 納塔藏文翻譯的字面意思是「完全解脫」（complete liberation）。

② 桑耶寺是西藏最古老的寺廟之一，由蓮花生大士在七七九年建造開光。

一一一三年之後，我再次轉世出現於西藏。在我去了中國之後，西藏人給了我帕丹巴桑結的稱呼。當時，我的外表已經完全改變了，但這項改變並非是我自願的，而是發生在我經過一處山谷時，一頭大象的屍體堵塞住河流，隨著屍體開始腐爛，水源也面臨被汙染的風險，從而導致村民間疫病的傳染。聖者當巴那瓊（Dampa Nagchung）或稱「黑當巴」（Black Dampa），是一位印度的苦行僧或稱捨離者，就住在這附近；他問我是否願意將我的神識轉移到這頭大象裡，以便讓大象爬到附近一處多岩的荒野地區，讓兀鷹來呑食牠的屍體。當我的神識棲身在大象的屍體中時，當巴那瓊承諾會照看我的身體等到我回來，我一定會看到自己的身體完好無恙。我接受並答應了他的請求，欣喜於自己能夠使農民以及牲口倖免於被疫病傳染的風險。

然而，就在我的全副神識棲歇於大象的身體中時，當巴那瓊卻無法抗拒他眼前的這項誘惑：把他醜陋老舊的身體跟我完好健康的身體交換。由於他是瑜伽士，也精通轉移神識之術，他眞的這麼做了。所以當我的神識返回時，在河岸上只找到他的屍體；我厭惡他的這具軀殼，猶豫著是否要化身爲他的人形，心想不如就此往生、前往淨土算了。但就在此時，空行母在我耳邊唱起一首令人心醉神迷的歌，說服我接受當巴那瓊的身體，因爲我在人世間的使命尚未完成。

於是，我再度轉世，天界的空行母引導我前往阿潤河（Arun）河岸，那是少有的西藏河流之一，它的河水在流入尼泊爾平原之前，就先在喜馬拉雅山的屏障上穿鑿了一個洞。走過這個空氣像水晶般純淨的地區，我在定日停了下來，並在那裡待了二十年；定日的人們因爲我黝黑的皮膚（來自偷了我身體的印度聖者），給了我「黑帕丹巴佛」（Black Padampa Buddha）的稱號。

在定日，空行母告訴我，我將圓滿奇蹟般的因果業力。因爲釋迦牟尼佛在靈鷲山開示《般若經》時，曾經朝北方的高空扔了一塊石頭，並預言石頭落下來的那個方位，未來將有一位大師前去傳授這蘊含覺醒本質的同一佛經。那塊石頭落在一座小山的頂端，也就是我所在的高原其平坦不毛的表面上唯一凸起的一處，被遠處珠穆朗瑪峰白雪皚皚的山峰給擋住了。而那塊石頭撞擊小山時發出「叮」的巨響，在周遭引發了繚繞不絕的回聲；這也是爲什麼此地的居民把這個小村莊取名爲「定（叮）日」。

遵循著空行母的指示，我發現了這塊爲佛陀所加持的石頭，看起來宛如一座佛塔；當我碰觸石頭時，一隻麝香鹿像是在進行儀式般地繞行了它好幾圈，接著不可思議地被攝入並消失於石頭中。因此，我在這裡傳授了幾個月的《般若經》；佛陀的預言被實現之後，我就離開了我的軀體。

數十年之後，我以帝普巴（Tiphupa）的形體再次現身，帝普巴是達瑪多德的轉世化身，而達瑪多德則是馬爾巴（在十二世紀得到證悟的密勒日巴之上師）的兒子與弟子。我十六歲時騎馬發生了意外而失去意識，被送回父親那裡；父親設法讓我多活了幾個小時，並在這段時間傳授了我遷移神識的方法（即藏語的頗瓦法），一種也被稱爲「打開通往天空之門」的修行法。我環顧四周，想找一具已亡故的人類軀體以便轉移神識，但沒有找到，因爲附近只有一具鴿子的屍體；於是，我將心智融入鴿子的軀體之中，然後飛往印度這片備受賜福的土地。

我飛越喜馬拉雅山、飛近位於恆河岸的光輝之城瓦拉那西，看見一對喪子的父母，正悲傷地看著他們才剛剛斷氣的十六歲兒子在痛哭；於是，我將自己的神識轉入這個才剛氣絕的婆羅門青年中，成爲精通頗瓦法的知名大師，我也在此時得到帝普巴的藏名，即「鴿尊者」之意。後來，我回到西藏照顧年邁的雙親，承繼了父親馬爾巴的教學傳統；惹瓊巴也是我的學生，他是跟密勒日巴很親近的一位弟子。

在貝爾維尤醫院，當我仔細回想前任傳承者們所取得的非凡成就，很難承認這些覺者的心智竟然存活於現在的我之中，而我不過是罹患了壞疽的普通僧人！在這樣的時刻，就像我的轉世祕密對我揭露時，我會告訴自己，唯有達賴喇嘛的祝福以及爲眾生祈求安樂所生起的強烈慈悲，才能讓我超越極限並幫助我療癒；當然，前提是如果我的確擁有這療癒的業力。至於我的疾病，顯然與我的傳承故事密不可分。

我經常想起我的前世，亦即第七世的帕雅仁波切，他的右腿也帶著病；在他命終之時，情況跟如今在紐約市醫院裡臥床的我一樣，是「有著一隻象腿的喇嘛」。他一直成功地控制住病情，直到他在六十二歲決定離開軀體時，才讓這個健康問題惡化；幾天之內，他就死於今天稱為深層靜脈栓塞的症狀。

如果我不接受截肢，我會死嗎？

或許不會，如果我遵照達賴喇嘛訊息中的指示去做。然而，我清楚意識到醫生已經正式警告我的這個事實，我在他們的眼中看到恐懼。至於我自己，我並不擔心；在這一生當中，我經常冒著死亡的風險，譬如我被囚禁時，以及三度穿越喜馬拉雅山隘口時。在無限浩瀚的時間深淵中，我已經歷了無數次的生與死。在我每天的禪修中，我死去又重生反覆六次：那是我練習將心識與支撐的肉體分離、然後再重新結合的過程。

在貝爾維尤醫院，我比任何時候更強烈感受到死亡所代表的無常現象；它銘刻在時間之中，是世界的內在維度，有情、無情皆然，無死即無生。禪修死即是禪修生。在這種轉變的大循環中，死亡是其過程的四個階段之一；這個過程始於生命的開始與出生，然後是生長與成熟，接著是衰退，最後是毀滅或死亡。然後，又開始新的重生。

生與死相生相伴。生命的開始與結束看似截然相反，卻形成了心識事件的連續體。這就是時間之輪的移動，影響宇宙中出現的萬物：從沙粒到星系，從無限微小到無比巨大。身爲我轉世傳承中的第八世，我可以感受到超越肉體生命界限的深層心識結合，彷彿無形的河流，自遠古以來，就在人與人的心智之間流動。死亡的印象，只是所見不完整的結果。我沉思著超越生死的心智本質。

倘若我的病，是福不是禍？

「療癒的智慧就在你的內心。」

達賴喇嘛的話語敦促我去思考一種不尋常的智慧：一種不可思議、擁抱宇宙的智慧。我的上師們啓發了我，我童年的眞實生活經驗已讓我爲此做好了準備。達到這種心識層面，意味著進入了佛法根源的無限維度。

在《妙法蓮華經》的第十六章中，佛陀讓聽眾感到困惑苦惱。他的同時代者、一切世間天人及阿修羅，皆謂他已在菩提伽耶得阿耨多羅三藐三菩提。

「然善男子。我實成佛已來。無量無邊百千萬億那由他劫。是諸世界無量無邊非算數所知。亦非心力所及。無有生死若退若出。亦無在世及滅度者。」

佛陀在拘尸那揭羅的涅槃，實是最終嘗試，旨在敦促他的弟子們去追尋自己的道路，讓他們明白，如果他久住於這個虛幻的世間，他們沒有人會意識到，將他的教導付諸實踐是多麼地重要。佛陀用了良醫的寓言來說明：有一位知名的醫生出了遠門，在旅行到別的國家時，兒子們無意中吞下了有毒的食物；等他回到家時，他馬上準備好解毒劑要來救治他們。他們有些服了藥，馬上就藥到病除；有些儘管疼痛不堪，卻固執地不願服用這帖藥劑。因此，這位醫生採用了巧妙的手段；他派遣信使去傳遞他的死訊，於是在悲痛與恐懼之下，這些難以管教的兒子們遂順從地喝下藥劑而獲救了。同理，佛陀在並未離開我們的情況下，利用他宣稱的滅度所帶來的空性來引導那些誤入歧途的人；接著，等他們的心態調整好了，他再現身來教導他們佛法。

佛陀的眞正本質是宇宙性而永恆的，這也是爲什麼佛陀說自他成佛已來，過於「百千萬億（koti）③那由他阿僧祇劫」的微塵數；而一切世間天人及阿修羅皆答言，如此無量無邊之數「不能思惟知其限數」。

要表達出這種超越思維的思維，需要有超越言語的言語。因爲語言源自世間眾生，它能充

③俱胝（koti）是一個相當於億的數字。

分表達人類的各方面以及清楚可見的物體；但是，當我們要用言語來描述領悟人與現象本為空或說本不存在的心態，彷彿就言盡詞窮了。因為空，或說空性，指的並不是無；空是相互依存的覺察，也就是對萬物本為一體的生命共同本質之覺察。當心與空或空性合而為一時，就能在一個原子裡看見跟宇宙中的原子一樣多的佛，或是在一粒米中覺察到整個宇宙。

一粒米是一個發芽、成熟的連續宇宙過程之結果，結合了天空、大地、元素、人類行為，並跟隨著四季的節奏，取決於我們的星球、月亮及太陽的運行。一粒米構成了一個完整的實體，但也是一種尚未結束、不斷改變的存在。

在空的維度之中，從一口鐘裡就可以聽見一朵雲的聲音。從鐘聲中怎能聽見雲呢？如果我們重建這口鐘的起源，一開始有雲，於是形成了雨；雨水滋養了大地，樹根得以吸收水分與養分而成長。接著，樵夫砍下的木頭被放進爐床，被鐵匠生火以融化青銅來鑄鐘。

「療癒的智慧就在你的內心。」

微小的米粒以及鐘的無形聲音，是廣袤無垠的承載者；意識到米粒或鐘本不存在，換句話說，在空或空性之中，沒有時間與空間的限制。將人與現象看成本為空的智慧，超越了二元性。此時，世界不再以眾多獨立而分離的物體面貌呈現，這樣的幻象使平常心識產生了區別。我們了解，所有的現象都來自心的力量以及智慧自然散發的光芒；所有的現象，包括了有形的、固體的或是物理性質的現象，因爲它們的內在並無存在之因，因此，它們是空的，就像彩虹、海市蜃樓、倒影或是夢境般隱密、轉瞬即逝。當代物理學證實了這種對於現實的理解，因爲對物質粒子的分析顯示出，它們既非不可分割、亦非永恆不變。空間中充滿了大量的非實質、非永久性及無法預測的能量。

「療癒的智慧就在你的內心。」

從根本智慧的觀點來看，我罹患了壞疽的腿、化膿的傷口、粉碎脊椎的骨結核及蔓延至整個肺部的胸膜炎，都只是幻象的化現。它們能讓我受苦的唯一原因，是我讓自己被局限在它們的物質維度之中；無可否認地，我的確感受到痛苦，但如果我認同了這一點，我就是讓自己淪落並貶低到痛苦、受苦、極度痛苦的相同層面。反之，我可以將其轉變成一種心的經驗，而這樣的心也是一種空性、非實質、澄澈明淨的心。我的病，正是我的心識之外顯與展現，心識亦感受到病痛；如果我可以將這樣的病痛理解爲是心的一種純粹表達，並保持在這種理解與覺察當中，那麼，我就能找到一個平靜的空間，從而可能釋放出存在於心智微細層面中的療癒能量。

或許我也有機會滅除我傳承中的一項業力，它是否以影響第七世帕雅仁波切的腿之病症顯現出來，並且以我的壞疽之方式延續下去？當這樣的業病出現在修行導師身上時，不僅是因爲他們自身的業力成熟了，更是因爲他們背負了與其密切相關的眾生之業力。從這個意義上來說，他們著實是在利益眾生。

「療癒的智慧就在你的內心。」

這種疾病是福不是禍，對我這個平凡的僧人來說，在非凡的覺者傳承中處於卑微的一環，這正是淨化我內心逐漸滿溢的成熟惡業的大好機會。當我降落在美國土地時隨即遭遇突如其來的疼痛，彷彿就是舊的因緣業力顯現的徵兆，與所有我不認識的陌生人密切相關；他們自我抵達美國後，便自願自發地一直在幫助我。一樣的壞疽以及所有隨之而來的痛苦，在西藏或印度帶來的影響絕對不一樣；昆敦說：「一旦痊癒了，你會教導這個世界如何療癒。」他的暗示毫無疑問，因爲流亡與失根之痛苦，將使我的療癒得以廣爲流傳、舉世皆知，只要我能夠超越自己的苦痛、生起對眾生的慈悲，祈禱讓全世界都沉浸在佛陀的愛中。

昆敦，我今生與生生世世的庇護源頭

我對達賴喇嘛滿懷感激，光是用我的這一世，尙不足以表達我對他的感激之情。我還記得第一次見到他的畫像，那幅畫被我的叔叔珍藏在他屋裡一面牆壁鬆動的石頭後方；畫像被包在一條祈福的白色卡達絲巾中，並放在銀色的聖物箱裡保護著，免得被老鼠啃嚙。叔叔此舉冒著他的生命以及全家人安危的風險，如果不幸被中國警察發現他持有達賴喇嘛的圖像，麻煩就大了。在他家中這處隱密的處所舉辦家族聚會時，他會向我們展示這幅陳舊的照片，讓這個場合變成眞正的儀式；照片中年輕的昆敦戴著角質框架的長方形大眼鏡，爲他稚氣的臉龐添加了幾分老成的氣息。

叔叔擺放這幅照片的那張木桌，會先被仔細地打理乾淨；接著，嬸嬸會用一塊五彩錦緞織布蓋在上面，再點燃一盞酥油燈。然後，全家人會開始低聲誦念慈悲的咒語；因爲害怕被別人聽見或被告發，我們不會大聲誦念。我們手邊沒有任何念珠，因爲就像所有其他的法器一樣，念珠也是被禁止的物品。但是，老一輩的人會輕柔地做出熟悉的手勢，彷彿他們的念珠仍然在他們的手指間彈撥著。孩子們也靜默地沉思、輕聲地吟誦著雪域的古老祈禱文；呼喚六字眞言時，我們可以感受到慈悲之情輕拂過我們的雙唇之間：「嗡嘛呢唄美吽……嗡嘛呢唄美吽……嗡嘛呢唄美吽……」一句接著一句，我們呼吸的氣息串起了咒語的花環，我們想像這些花環就掛在我們的心上，沉浸在珍愛眾生的佛陀明光中，祂無條件的愛之光芒，照耀並開悟了各道各界的眾生。聖物箱總是被清脆的「啪」地一聲開啓，然後叔叔會取出昆敦的照片，小心翼翼地把它平放在那塊正方形的錦緞織布上；我們則雙手合十，靜默地凝視著它。我父母跟莫莫拉會擦乾他們盈眶的熱淚，然後我們會熱切地將思緒集中在讓我們的心充滿喜悅的慈悲當中。直到毛澤東死後以及一九八〇年代的自由化之後，達賴喇嘛的肖像才得以重見天日；但這樣的情況只維持到它們再度被禁，人們也因爲懼怕持有而被羅織入獄。

當我十三歲時，父母同意我出家爲僧，教我識字的正是這位保存著達賴喇嘛照片的叔叔，而他教我認識的第一篇經句，就是達賴喇嘛的長壽祈請文。我學了這篇祈請文和皈依，並將祈請文背誦了下來：

雪域境繞莊嚴淨土現，
普濟群萌廣被勝樂者，
等同觀音丹增嘉措是，
未滅輪迴惡趣祈長駐。

後來，我感受到與昆敦的連結，指引了我一生中所有決定性事件的發展方向。一九八五年，我想流亡到印度以便更接近他；但我不敢這麼做，因爲害怕讓深愛我的奶奶傷心，我知道她已不久於人世，我恐怕她會在我遠走他鄉時就此離世。因此，當我的導師與其他僧侶們悄悄準備離開西藏前往印度時，放棄加入他們的這個想法不免讓我感到有些悲傷。但就在他們預定離去的前幾天，莫莫拉平靜地離開了人世；這是一個徵兆，代表她讓我自由並且祝福我。我離開之前，母親肅穆地緊抱著我，但她跟我告別時並未哭泣，她堅定不移的祈禱始終與我常在。

我第一次接受昆敦的加持是在達蘭薩拉，一九八五年的二月。當時他雙手抱住我的頭，在我的頭頂吹氣，並滿懷關愛地叫我「我的孩子」；我感覺他的能量注入我全身，讓我渾身發抖。如今，我回想起那一刻著實宛如重生；九年之後，我才被認證為第八世帕雅仁波切。

被稱為昆敦的「孩子」，與我的功德和我的快樂性格因果關係相對應。從此，我在覺醒之道上展開了新生；當時我本一無所知，後來才明白，原來那瞬間加持的不尋常強度，竟然已經遠遠傳達到我出生的小村落。我出於對母親以及幫助我成長的親朋好友們無盡感激，祈求達賴喇嘛也能同時為他們加持；結果，這項祝福竟然讓我的村落出現了驚人的異象。

一個美好的早晨，母親看見我們的河流彷彿被牛奶染了色般地潔白無瑕，還有彩虹漂浮在水面上。這並不是她的幻覺，因為別的鄰居們也注意到了這個異象，因此，它很快就成了引發眾人驚奇並且議論紛紛的話題。母親並未對此多做評論，但在她心中，她深感寬慰安心；對她來說，這個異象無疑是個好兆頭，象徵了我不僅平安無恙地抵達印度，更加入了昆敦的陣營。她後來告訴我這件事時，我們把這件超自然異象發生的時間以及達賴喇嘛為我加持的日子對了起來，顯然這兩個日期是吻合的；我並未將此解釋為奇蹟，正如「緣起」法則，亦即萬物「相互依存」的法則，物質世界中的現象會根據因果關係而發生，不僅是物質的關係，更是人們心智之間的作用。這是因爲在生命的網絡中，所有眾生皆密不可分；這也是爲什麼發送出正面心念以迴向利益眾生，是如此地重要。我們從心中發送出來的愛與祈禱擁有極爲強大的力量。一般來說，我們無法客觀地證明這類事件，但是就在那一天，我在西藏的母親與身在印度的我，卻在昆敦的加持下合而爲一：他慈悲的甘露在外在感知的維度下化現爲可見的事物，令我童年的那條河流出現乳白色的河水與彩虹般的光輝，顯現在阿瑪拉的眼前。

達賴喇嘛的私人辦公室負責接待剛從西藏來到印度的僧侶，他們把我送到印度南部的色拉昧寺，而達賴喇嘛也經常前來色拉昧寺向僧侶們傳授法教。七年之後的一九九二年，我在他面前受具足戒成爲正式的僧人；一九九四年，他正式認證我爲第八世帕雅仁波切；一九九七年，我再次見到他是和一群人在他私人寓所中，當時，他給予我明確的指示，要我回到西藏傳授法教；後來，我再見到他已是二〇〇二年，那是我在西藏被監禁的艱辛經歷之後；二〇〇三年，我再見到他，當時他敦促我來美國的佛法中心授課。最後在二〇〇三年十一月十六日，我寄了一封信給他；接著自十一月二十一日開始，我躺在醫院的病床上時，花了無數時間思索他回覆我的每個字句。在所有這些得以親炙他的場合與時刻中，我始終致力於將我的心融入他的心中，並浸淫於他浩瀚無垠的慈悲空間之中。

8
我在布魯克林的禪修窟

展開新生

二〇〇三年十二月一日星期一，天空飄下稀稀疏疏的雪花，佩瑪多傑來醫院接我出院，他的朋友借給他車。佩瑪住在布魯克林的一間小公寓，我甚至沒開口要求，他就主動要我跟他一起住；直到那時爲止，我還不知道離開貝爾維尤醫院之後能待在哪裡呢。

佩瑪的住處在威廉斯堡大橋附近，橋上緊繃的鋼纜使得東河通往曼哈頓方向的上方線條顯得乾淨俐落。在我看來，這一區似乎平靜而樸實，一排排整齊排列的房子，都不超過四層或五層樓高；這些房子有時是雙併式的、有時是獨棟的，邊緣有小小的園景庭院，看起來頗爲單調無趣並疏於照料。這些建築物極爲類似的比例與形狀讓人感覺有些沉悶乏味，唯一的反差是那些不對稱的建築材料；我們經過的城市景觀幾乎一成不變，在這當中，我可以看出水泥、紅磚、石頭以及木材。

佩瑪多傑住在一棟三層樓小公寓的一樓，他是跟李先生（一個五十多歲的中國人）租的房子，有兩個被開放式廚房與浴室隔開的房間；佩瑪把我安頓在他的臥室，可以眺望內院；而他則住進那間較爲嘈雜、俯瞰街道的客廳。他簡單且全然慷慨的舉動使我深受感動，我們享受了一頓西藏菜餚的午餐。我的新生就此展開。

我完全不知道我在接下來的幾天或幾週內會發生什麼事。離開醫院之前，我面臨了照護團隊的反對：他們無法理解我的選擇。醫生們相信我會接受截肢，爲了說服我，他們甚至安排我與截肢者會面，那些截肢者都是在手術後重新學習如何運用義肢。我十分感謝他們爲我做的這一切，我也了解，他們把我拒絕截肢譯解爲一項挑戰。我原本希望他們能讓我回醫院進行定期檢查和出院後的護理，並讓他們檢查我的壞疽狀況如何；但他們的答覆是，由於我拒絕動手術，他們已經無法再爲我做任何治療了，甚至沒有理由照X光片。他們說，他們已經盡一切所能來挽救我的腿；事實也的確如此，但因爲抗生素治療並未成功，他們剩下的唯一選擇就是爲我截肢。只有一位骨科醫師嘆著氣對我說，我可能很快就得面對臀部以下截肢的狀況，其他人則沒有對此再多說什麼，儘管我可以從他們的眼中看出，他們也同意那位骨科醫師的結論。

然而，醫院的確強行以一項醫療方案來治療我的結核病，而且並未先行徵得我的同意；爲了讓我申請的庇護可以順利通過審查，這項疾病必須先被根除。因此，醫院安排了一位護士每天早晨來布魯克林幫我打針，我也必須每兩個月返回「酷刑倖存者計畫」的診所一次，讓他們幫我的肺部與脊椎照X光檢查。

每天幫我的腳踝清創傷口並敷藥包紮的護士們，都很難過看到我要走了，因爲醫生們對我的預後極不樂觀，她們都覺得我活不久了。她們幫我準備了充足的溼敷布（以促進血液循環）、消毒紗布、橡皮膏，還有抗菌劑以及局部鎮痛劑，並且向我說明如何清理我的傷口。我感謝她們，並且深深感動於她們對我持續展現的悉心照料、關懷和專注的精神與心力。

在佩瑪多傑的臥室中，我斟滿了七個銅碗；銅碗是佩瑪爲我放在架子上的，碗裡裝滿了供水。擺設好我的迷你壇城，我把醫院拋諸腦後；所有關於我的疾病以及未來的疑問，突然都消失無蹤了。我的心完全專注於當下，沉浸於我所祈請的諸佛降臨之中。二〇〇三年十二月一日，在布魯克林曼哈頓大道二百六十五號一樓，這個小房間成了我的禪修窟。

就像我小時候召喚過鷹隼的保護，那一天，我也召喚了我的傳承給予我保護。沒多久，我的傳承之神靈爲我化現了，因爲我感受到充滿保護關切與仁慈善意的明亮光環圍繞著我，讓我想起四歲時那隻展開翅膀保護我的鳥兒；當時我獨自一人，在夜裡的一場大雷雨中走失了。如今我三十七歲，在紐約市與世隔絕，逼近我的威脅已不再是大雷雨，而是嚴重的疾病。帶著重新找回的信心力量，我抓住自己的提袋，把那本一直跟著我的書取了出來；我的第一位禪修上師格西阿克吉帕，在果洛寺把這本書送給了我。

我回想起這本經文被特別傳授予我的來龍去脈。它一共有五十八頁，是一束長方形的長型書頁，非常緊密地包裹在一塊橙色的布裡，布上頭縫著一個紅色的正方形，並且用繩子綑綁固定。這束教本是我從西藏帶出來的唯一一件物品，也是我在今日與皈依的前幾年之間和在布魯克林及果洛寺之間的連結。

如果你內在沒有太陽，怎麼看得見你外在的太陽？

果洛寺的大門位於一座山壁平整光滑、藏紅花色的峽谷入口處。這些處所皆被元素的原始力量標記出痕跡與特徵，而各項元素則如展現於一座壇城內，在這之中，大地的能量隨著內在之火而振動，在絕對透明澄澈的空氣以及附近瀑布的純淨和聲中，都可以感受得到。當我還是孩子時，這個微型宇宙的力量滋養了我，它的強度蘊含了孕育萬物與世界的力量。在未來的幾個月，這些回憶將幫助我穩固我在紐約市的禪修，因爲身在紐約市的我，被切斷了與大自然生命及其力量的連結。

當我還是孩子時，總是充滿熱情地想像著各式各樣的玩笑與把戲；而當我長成十幾歲的青少年時，我把和這股熱情一樣的能量，引導到我的僧侶課業與禪修練習上，所以我的導師們都很高興看到我進展神速。我來到果洛寺六個月後，幾乎沒離開過我的禪修小廂，那是我自己製作的一個十平方英尺的木製隔間，空間只夠我盤腿而坐。我勤奮地練習內在平靜的禪修，也就是格西阿克吉帕引導我們練習的奢摩他。

身材高大的格西阿克吉帕被我們尊稱爲格西拉，是一個臉龐枯槁乾瘦的老人；相形之下，他的眼睛顯得特別大。我看過各式各樣的深淵，卻從來沒有看過跟他的眼神一樣深不可測的。

我非常崇拜他，並且樂於嚴守他的教誨與規定。他看到我在奢摩他的修習上突飛猛進，於是主動傳授我只有經驗豐富的禪修者才有資格修行的禪修法。

格西拉向我介紹了扎隆（tsa-lung），這個藏語的意思是「氣脈」（wind channel）；他教我認識勝樂金剛壇城其禪修能激起根本智慧之火。這種禪修被稱爲「大樂輪」，屬於母續的部分，而就如同佛陀所有的教法一樣，它也是以四聖諦爲基礎。第一聖諦是，眾生的苦難是有條件生存的結果；第二聖諦是，了解這種苦難之因；第三聖諦是，實行一種方法來滅除所有苦難；第四聖諦是，跟隨從苦難中解脫的道路，也就是覺醒的狀態。勝樂金剛瑜伽系統藉著淨化能量以及身體的身心組成要素，引導我們走向脫離苦難的自由；這要歸功於觀想本尊其圓滿純淨的壇城，以及其特徵。這些本尊就在禪修者的內心之中，象徵著一個人的身心連續體中的不同維度：「你的身體之中還有好幾個身體。」格西阿克吉帕經常這麼說。

每當格西拉看到我碰觸手臂或雙手、彷彿要說服自己它們是眞的，他都會對我微笑。他會說：「你的手、你的手臂、你的眼睛、你的耳朵、你的牙齒、你的骨頭、你的血肉都不是你；你的血液、你的肌肉、你的器官也都不是你眞正的本質。你可以看見、碰觸或感覺的身體，並不是你唯一的身體。在你有形的身體限制中，有一個無形的、有意識的身體，與你的深層心智緊密連結在一起。禪修在於識別這些愈來愈精微的層面，了解眞正的你以及你可以成爲什麼樣的人。當你開始之後，你會體驗到一種智慧、一種至喜，那是你現在無從揣測、難以捉摸的感受。」

格西拉的話語並不抽象，當他述說時，他會一邊示範簡單但深沉的呼吸練習。把他的教導與我自己以奢摩他（寧靜心）禪修練習培養的專注力聯繫起來，我開始漸漸能夠識別身體之中流動的能量了。如今，我對他有著無限的感激，感謝他將這些寶貴的教導深入淺出地調適成我這個初學者所能吸收的程度。他會這麼解釋：「你可以看見的那個在天空中閃耀發光的太陽，也存在你的內心之中；在你的內心，它看起來並不像是那顆在白天給你溫暖的恆星，而是流經你右側精微氣脈的火之能量。這股能量調節了膽液（bilious humor）以及憤怒、仇恨和厭惡的負面情緒。經過轉變、昇華，這個內在的太陽會變成由空行母所化現的空間的覺醒智慧。」

格西拉會要求我先把我的能量體觀想成一個空殼，一個充滿光的薄殼；沒有血肉、骨頭、肌肉，只有三條沿著脊椎中軸延伸的主要氣脈：中央的氣脈明亮而纖細，裡面是紅色，外面是青金石般的藍色；兩側的氣脈也同樣精巧而透明，右側是紅色，左側是白色。

格西拉向我說明如何跟隨我呼吸的律動。以擋住左鼻孔的手勢從右鼻孔吸氣，然後讓這股氣息沉降至一個人呼吸的根部，也就是肚臍以下四指之處，這也是佛在靜坐時雙手擺放的位置。接著，我要將右側氣脈的毒素往上帶，並將這些毒素透過左鼻孔呼出。

「就像太陽在你裡頭，月亮也是。學習如何辨認出它，它以水與土的能量形式，流動於你左側的精微氣脈之中。」

接著，我要打開左側氣脈讓月亮的能量流出，並排除痰液（phlegmatic humor）以及相關的渴望與貪著等消極、否定的情緒。在心識全然清醒而專注的情況下，我透過左鼻孔吸氣，想像這股氣息是一條光之河，然後透過右鼻孔呼氣。我學會將注意力專注於中央氣脈的能量運動，這些內在能量對應了外界的日蝕與月蝕。以左右鼻孔同時呼吸時，我可以將與腸液（wind humor）及無明情緒有關的呼吸潛能發揮到極致。

遵循著格西拉的指示，我讓自己專注於探索跟隨著我呼吸而律動的宇宙，一個如此緊密、深沉、振動的宇宙！我將所有的能量往內導引，吞嚥無限，呼吸無垠！這種感覺與我童年時在高原上感受到的廣袤無垠，既相同又不同。當時，我的心仍被包裹於世界的物質外殼之中；如今，我已發現了無始亦無終的內在空間。格西拉是這麼說的：

記住，這些呼吸的練習不只是身體層面的練習，你不只是用你的肺在呼吸，也不只是在呼吸著氧氣；當你吸氣時，你無疑需要空氣來更新你血液中的細胞。然而，就如同你的身體有著精微、隱而不顯的一面，呼吸也有其精微的對應面。肺或說「氣」，使生命力得以在體內流轉，也被稱爲普拉納（prana），是一種爲所有有情眾生、行星及天體帶來生命的能量。生命力滋養了所有的氣脈，從有著十二條氣脈的臍輪（navel chakra）開始；這十二條氣脈對應著占星學的十二宮，又分成陽與陰兩種能量。

經由右鼻孔流動的是陽氣（solar winds），經由左鼻孔流動的是陰氣（lunar winds），這陰陽二氣吸引了對應陰曆（農曆）三百六十天的三百六十種氣，並在肚臍處的脈輪氣脈中循環流動。這三百六十種氣又結合了土、水、火、風、空五大元素，如果一天當中的氣乘上元素之氣，結果一共有一千八百種氣，其中一半爲陽、一半爲陰；如果再算上一天二十四小時之內還有十二種「大氣」，那麼就可能產生二萬一千六百種氣。這些氣結合了五大元素，傳送到不同的脈輪並賦予它們能量；因此，土氣激活了位於肚臍的對應脈輪，水氣激活了相互關聯的心輪，火氣激活了喉輪，風氣則激活了頂輪。

格西拉把他的智慧精華傳授給我，那是源自他前世與今生的瑜伽修行經驗之要義。我滿懷喜悅地一頭栽進他的心智之海，他使我了解到，日夜的交替也是一種內在的現象。

「如果你內在沒有太陽，怎麼看得見你外在的太陽？如果你內在沒有月亮，怎麼看得見你外在的月亮？」格西拉有天這麼問我，然後無法控制地爆笑出聲，他的笑聲極具感染力。

這就是我如何在內心經歷難以言喻的破曉、最圓滿月亮的升起，以及有著鑽石皇冠般的日蝕與月蝕。天空就是我的心，我就是天空。

後來，當我看到太空人拍的月球照片時，我感覺那個天體特別地死寂且毫無生命；比起活在我內心之中的月亮，那個天體看起來就像是它的殘骸。事實上，有些喇嘛很難相信這件事的眞實性：一九六九年時，有一個人在月亮上行走？

「哪個月亮？」格西拉會這麼問。

對他來說，他禪修的月亮似乎比阿姆斯壯把美國星條旗插在上面的那個月球，來得眞實多了。他說：「眞正征服空間，是指征服包含所有世界的內在空間；任何其他物質性的征服，都是一種幻象。」

爲了征服這個內在空間，格西拉建議我致力於瑜伽的呼吸練習，並從「九個循環」開始；這九個循環以吸入、呼出以及屏息的運動爲基礎，與人體右側、左側和中央的三條精微氣脈息息相關。這也被稱爲「三個眞空的練習」，因爲觀想空的身體、空的氣脈及空的脈輪與這些呼吸法有關。這些氣脈不像在正常狀態般相交，而是形成脈輪的結點，也就是能量精微體的「身心中心」。能量沿著直線氣脈循環流動而不受阻礙，得以消除偏離或限制能量流動的障礙，從而恢復精微層面上的元素之平衡，以及實質層面上的三種體液之調協，並且確保了良好的健康狀態。

療癒科學與內在瑜伽練習法

能量精微體有非常精細的剖析結構，格西拉藉助一位僧人畫家洛桑唯舍（Lobsang Woeser）創作的彩繪插圖來教導我，他嚴謹地遵照著格西拉的指示；然而，格西拉仍諄諄不倦地提醒我：「你在這些圖像中看到的事物，並不比彩虹或者水中之月的倒影來得更爲眞實。」

我記住了脈輪的名字，我們在扎隆禪修中將它們稱爲輪、在本尊瑜伽練習中則稱爲蓮。這些脈輪沿著身體的中軸排列，格西拉解釋：「中脈也被稱爲『密脈』，因爲它的本質超越了語言能表達的範圍，它的本質就是覺醒，而覺醒無法訴諸言語，只能親身感受體驗。想像中脈就像是一道陽光，往下直達陰部，頂端的開口則位於你頭上的頂輪；這個點被稱爲『梵天門』，因爲那就是人死亡時，心識被彈射出來前往淨土的所在。中脈就像一根穿越所有根輪中心的莖，因此，它也被比擬成脈輪的輪軸。」

沿著平行脊椎的這條中脈，我學會去辨識五個「主輪」的根輪：位於頭部的「大樂輪」有十六條輪輻，反映在大腦的「神經之海」，這個綠色的脈輪與風的元素有關。位於喉嚨底部的「受用輪」有三十二條輪輻，這個紅色的脈輪與火的元素有關，也被稱爲「夢境之門」，因爲它是我們沉睡時的心所駐留之處。位於心臟的白色「現實輪」有八條輪輻，與水的元素有關，是心識的基礎；心輪也被稱爲「正法輪」，它的八條輪輻對應著心識的八種狀態：感官心識的五種狀態、心理心識、情感心識及無所不包的基礎心識。位於肚臍的黃色「變化輪」有六十四條輪輻，是土元素的所在，扎隆禪修的練習也是從這個脈輪開始的。位於陰部的「護樂輪」有三十二條輪輻，它的藍色對應了空的元素。

我也學會了數算並詳述次要的脈輪：有些位於肩膀、肘部、手腕的上肢關節，有些位於臀部、膝蓋以及腳踝的下肢，有些則位於手指指骨與腳趾趾骨處。

還有許多其他的氣脈，多到畫家無法完整重現；所有的氣脈一起形成了完美人體中七萬二千條的脈絡，密續經典又爲其增加了一千四百四十萬對應毛孔與毛髮的微細氣脈。在肖像畫作中，這些氣脈以金色細線的形式被呈現出來，畫家們把它們畫在覺醒者周遭，宛如散發著輻射狀的萬丈光芒。

精微能量體的剖析結構爲金剛體，被翻譯爲「有著金剛光澤的鑽石體」，因爲鑽石擁有堅不可摧的美譽。同理，這些氣脈與其相對應的身體部位相反，它們也是堅不可摧的，因爲賦予它們生命力的是心的生命，也就是淨光。

格西阿克吉帕教導我：

認識心的眞實本性，就是呼吸瑜伽的最終目的；我已經授予你呼吸瑜伽的基礎，你可再深入修練，並藉由將太陽與月亮之氣帶入中脈來做到這一點；當你禪修時，這兩顆星體達成會合狀態，就像我們在天空中看見的日蝕或月蝕，你便可達成合而爲一的和諧狀態。帶著陽性的陰柔之氣與帶著陰性的陽剛之氣合而爲一，在神聖藝術中藉由父尊與母尊的結合展現出來；他們的擁抱象徵了圓滿的經驗。你可以感受到它就像是一種充滿喜悅的振動，可使憂悲苦惱的情緒消失，這些情緒就像面紗一樣，會使心蒙上陰影。在神聖結合的狀態下，所有表象都會變成純粹的至喜，你將會體驗到明光的呼吸。

格西拉向我描述禪定（meditative contemplation）的狀態，那是人在五眼全數開啓的階段可以達到的境界；所謂五眼，指的是肉眼、慧眼、天眼、法眼以及佛眼。此時，瑜伽修行者將體驗到可成就驚人奇蹟的超感官力量，像是能聽到或看見不論距離多遠的事物、能讀取別人的心思、能透過三千大千世界或佛教宇宙論中數十億倍的宇宙而回想起一個人的前世。

「這就是能完全掌握氣與心的不可思議成果。」格西拉斷言。

他以平實中肯、毫不誇飾的態度告訴我這一切，並未試圖讓我感到欽佩或留下深刻印象。我對他有著極為深厚的情感，因為他以與生俱來而非苛刻嚴厲的權威與經驗來指引我，讓我也得以遵循了悟的道路走向覺醒，更別提他教導我的許多方法了；我無法講述任何我體驗到的成果或是成功的徵兆。有一天，我希望能與我特別準備好接受這些知識的學生分享這一切。

根據傳統，這些教導必須保密，而我從未違反過這一點。保密的目的不在於為少數享有特權者保留這些知識，事實上，我們保守的祕密是指經驗的奧祕。光用文字言語，無法完整地表達這些經驗；而如果某人自行嘗試了，文字言語可能會使他產生誤解。倘若沒有曾經親身跋涉過這條深刻智慧之路的大師給予明確的指示，不穩定的心智（未經事先準備、亦未受過平靜心智的訓練）將會承受的風險是，無法分辨他們自己心智的混亂狀態；他們可能會把自己的幻覺當成中脈的真實體驗，到最後，這些練習可能會變得極端危險。

身體未痊癒是因為身體，身體痊癒了是因為心

格西阿克吉帕善意地提醒我小心那些不利於我修行的謬誤詮釋。他特別堅持一點：「扎

（Tsa）被翻譯爲『脈』，但別忘了，這個字的字面意思是『根』；在泥土底下的根是看不見的，但是它會將大地之母的能量轉變成滋養萬物的汁液與元氣。同理，在我們身體中，氣脈也是看不見的；它們並不會像血管、神經或肌腱般地呈現出來，因爲它們在本質上，與心智一樣都是無形的。然而就是這些精微的氣脈讓身體得以汲取能量，也讓生命得以流動於其中。唯有具備千里眼般的洞察力者，已發展出內觀的能力，才能看到照亮身體內部的脈絡。氣脈的泥土就是你的心，你可以賦予這些氣脈生命，並且在禪修時透過心來控制它們。」

在我搬進佩瑪多傑的公寓前幾個禮拜，我不斷回想起格西阿克吉帕的教誨；以我現在的情況來回想，他曾經說過的某些話，如今看來就像是有先見之明：「當你達到內在能量瑜伽修習的進階層級時，你就可以重建在你體內被切斷或損壞的氣脈；你對這些氣脈進行的能量瑜伽修習，將幫助你修復身體。身體未痊癒是因爲身體，身體痊癒了是因爲心。」

當我想起這一點時，我的康復之路就此展開。我知道我必須遵循以前在果洛寺接受的教導來行事。

「療癒的智慧就在你的內心。」昆敦在給我的訊息中這麼說。

達賴喇嘛知道我曾經受過扎隆內在科學與瑜伽練習的訓練，我告訴過他；他認爲，我很幸運能夠從一位親身深入體驗這些修習法的眞正上師那裡接受如此的教導。如今，人們所冒的風險，即接受心智尚未因經驗而成熟的人提供的訓練，比以往任何時候都來得更大，因爲他們的理解主要仍屬於智識的層面，但智識僅能理解修行的皮毛而已，無法摘取眞正的果實；如果在導師們心識中的果實尚未成熟，又怎能顯現在弟子的心識中呢？他們欠缺了內在轉化的維度。然而，這是促成心智與心智之間直接傳輸的唯一方法。

心是最好的醫生，也是最佳的治療

我輕輕地拉拽著包裹教本的細繩，那是果洛寺的格西阿克吉帕在他離世不久前送給我的；我還記得他說的話：「我傳授扎隆給你，那通常是高階的禪修者才能進行的練習，但我感覺你的心識之流已然成熟到足以接受它。把這冊教本拿走吧，你會在其中找到我的練習筆記；日後，你會完全理解我傳授給你的與教導相關的部分。我的筆記將有助於你在自己的經驗道路上取得進展，你有潛力成爲一位造詣不凡的扎隆修行者。」

當時我提出反對意見，並要求格西拉把這本書送給另一位更年長、程度更高的弟子，我認爲如此一來，這本書才更能被善用。

「這件事由不得你來判斷！」

他只給了我如此簡潔的回答。我也不再回嘴了。

我不再反駁我的上師，並且拜倒在他面前。他要我答應，我永遠不會在任何人面前打開這本書。「沒有任何人能窺看這份手稿，它包含了我練習扎隆的心法精髓，我將這本書傳給你，只傳給你一個人而已。這本書是活的，你有一天會需要它，你會請教它的意見，就像是請教一位仁慈和善的朋友一樣；到時，它的書頁會對你說話，告訴你沒有任何人告訴過你、無比珍貴的事。在這些時候，我會在你心中陪伴著你，就跟這三年來我們朝夕相處般的親密。我們的命運即將分離，但我們的心識在覺醒智慧清淨光明的根基上，將繼續緊密相依。」

格西阿克吉帕雙手捧住我的臉頰，用額頭碰觸我的額頭良久。我傷心欲絕，感覺這一刻就是他在跟我告別了。我們從此沒能再相見。

而他預言的那一天果然到來了，就在今天，二〇〇三年十二月一日，距離我跟格西拉的最後一次見面，剛好是二十年整。我小心翼翼地打開包裹著教本的那塊織布，突然間，我停下動作閉上雙眼，沉浸於書中散發出來的焚香氣息；我認出了那股檀香味，那正是我的上師極爲喜愛的氣味。我感動得熱淚盈眶，我可以感覺到他的存在；正如他所預言，當我需要他時，他會回來陪伴著我。他就在這裡，他的心就在這裡，在我的心裡。

滿懷著無限的敬意與無盡的感謝之情，我翻開了書頁。當我翻開書頁時，他那秀麗的筆跡躍然紙上，藏文的草體字又爲其增添了宛如音樂五線譜般的質感，彷彿這本書在對我說話之前，就先對我低聲唱出一首歌，一首信任之歌，信任格西拉的字句，信任他的承諾——而這項承諾顯然已經實現。這種不容置疑的信任讓我激動不已，我彷彿聽見他在告訴我：「心是最好的醫生，也是最佳的治療。」

這些話語讓我重新找回了許久不曾感受到的寧靜心，那是自從我六個月前抵達紐約市以來，失落已久的感受。

透過祈禱，我與眾生緊密相繫

我確定了修行計畫，而且這項計畫不會改變；我一直執行到三年之後的二〇〇六年十二月份，完全康復爲止。我典型的一天從早晨五點鐘開始，先誦念皈依文並獻給宗喀巴以及我的傳承；之後，我會準備好獻佛的供品並誦念菩提心祈願文（菩提心即利益眾生的覺醒精神）直到六點鐘；這時，佩瑪多傑出門去上班了。然後，我又開始進行一小時的扎隆禪修，禪觀藥師佛與大悲心的自他交換法（tong-len）；接著，我會誦念馬頭明王心咒（馬頭明王是觀世音菩薩的忿怒尊）。

馬頭明王外形爲馬頭人身，能救持六道眾生；他的身體是紅色的，火焰般的髮鬚倒豎，一隻超凡智慧之眼長在前額的正中央，四隻手揮舞著套索與金剛斧，旨在捕捉、滅伏妖魔並除斷使病苦之人憂惱的業障，這些人的苦難是由邪靈引起的。因此，我會誦念一小時向馬頭明王祈願，誦念的聲音聽起來就像是馬兒的嘶鳴聲。

九點時，暫停吃早餐。

十點時，我又回到我的房間，開始另一個時段的功課。首先進行的是上師瑜伽，亦即大威德金剛的觀修法；大威德金剛是宗喀巴以及我傳承上師們的本尊之一，也是文殊菩薩的忿怒尊。大威德金剛的忿怒相是覺醒智慧的化現，祂的梵文名號意爲「死亡的降伏者」，因爲祂可除滅無明，而無明正是二元論或不完整的現實表相之因。在此兇猛化身的顯現下，空性的智慧才得以回返世間，建立在本初、清淨光明、充滿愛的純淨基礎上，無始無終亦無生無死。大威德金剛化現了這種超越無明及幻象之境界，以及祂的情緒痕跡和執著，祂有九面、三十四臂、十六足，中間的頭是爲文殊菩薩所降伏的牛頭，軀體則是象徵著空性的深藍色，身上配戴著骨頭做成的珠寶飾品，頭冠上有著五十一顆剛砍下的頭顱，揮舞著空行母的刀，同時做出駭人的手印來恫嚇邪魔外道；象徵著智慧分解二元幻象的軀體、扭斷脖子、剝肉見骨。我將心與本初智慧的能量融爲一體的禪修，是一帖對治魔障與疾病的強力解毒劑。

「當你禪觀某一本尊時，」格西阿克吉帕指導我，「別忘了這本尊並無任何實質的外相及存在。你觀想有著身軀、衣飾、珠寶、特徵的本尊是屬於你內在的壇城，是你自己的心以這樣的外形對你顯現。記住本尊與你自己的根本上師並無二致，你在那一刻將會與明光的空性本質、本尊的本性、你上師的本性、傳承上師的本性以及你自己的本性結合，然後，你充滿愛與清淨光明的智慧根基將會對你揭示。」

在西藏，我們會說，就像鳥兒不能沒有雙翼而飛翔，心也需要智慧與慈悲的雙翼才能延展。這就是爲什麼在馬頭明王與大威德金剛的化現中觀修智慧的純淨狀態後，我祈請了綠度母；面對世間無盡苦難之際，從觀世音菩薩流下的一滴慈悲之淚中誕生的綠度母，化現了諸佛慈悲的女性面及其覺醒行止的本性。她的綠色象徵了風的元素，她所化現的純淨面相與心念的流轉有關；她以風之迅捷幫助禪修者，她也是度母的主尊，而我禮讚供養的二十一度母，都是她的化身。「度母」意指「救度者」，亦爲「星辰」，因爲她在我們深受苦難的黑夜中閃耀著光芒，指引我們走向解脫之道。度母化現的女性慈悲力量，讓我們得以結合心的轉變、保護及療癒的最深層能量；她的救度會在我們最精微的連續心識上，以及影響我們的事件上，將負向轉變成正向。度母也被稱爲「佛母」，因爲觀修度母會讓我們生出無條件的愛與慈悲，這正是所有眾生覺醒的根基。

我繼續祈請度母，誦念她的咒語，然後接著誦念藥師佛的咒語，直到下午一點鐘。用過簡便的午餐（通常不離糌粑與起司之類）之後，我繼續誦念藥師佛的咒語直到下午三點左右；藥師佛身軀爲天青藥石的藍色，化現了當我們了悟心的覺醒本性時將會產生的最終療癒。祈請藥師佛，可開啓自然界固有的療癒力量——那是存在眾生心識中的一股力量。在這三年的閉關期間，我每天會念兩百串念珠的藥師佛咒，也就是說，我每天會念兩萬次的藥師佛咒。

傍晚六點時，我會喝一杯熱茶，然後繼續累計藥師佛咒，直到佩瑪多傑在八點左右返家；我們會一起用晚餐，然後我幫他清理餐桌、收拾碗盤。接著，我會繼續禪修至少兩小時，直到將功德迴向給眾生並爲昆敦念誦長壽祈請文，才算告一段落。我從來沒在午夜之前上床睡覺。

農曆有些日子是獻給度母、藥師佛、阿彌陀佛、蓮花生大士、空行母及祈請護法。在這些日子，我還會特別加強他們的特定修習法，以長曼達來獻供。然而，我還是每天持續著扎隆、綠度母、藥師佛的禪修功課。有時爲了去看醫生，我不得不縮短白天的禪修時間；但遇到這種情況時，我就會熬夜誦念當天應該完成的咒語次數。

回想起來，我會說在那三年之中，儘管日子一天天過去，我卻不曾對日復一日、不斷重複的禪修功課感到無聊；事實上，我每天的修行並非始終是一成不變的，彷彿在每次的禪修當中，我都會變成另一個人，以禪修時湧出的智慧與慈悲讓自己煥然一新。每一天，都是讓我滿懷感激與喜悅的一天。

我的禪修本質是基於萬物一體的心識。沒有任何人事物是獨立存在的，這與一般人對現實的認知——錯誤地認爲自我隔離於整體之外並獨立存在剛好相反。這種想法區分、分裂、隔離了人與世間現象，並造成了貪著、執惡、憎恨、瞋恚及挫敗。這些負面情感的本質孕育了我們信以爲真的幻象，而這些幻象又是深沉苦難與不快經驗之因。在自我與世界之間的極端二元性，摧毀了我們內心自然的平靜；這種二元性，正是我們經歷所有矛盾與衝突之源，不論在個人或全球層面來說皆是如此。

我的上師們教導我：「所有的苦難都來自於心，我們能用心來消除這些苦難，它們會像彩虹般消失無蹤。藉著培養菩提心，也就是珍愛他人更甚自己的覺醒之心，你會消除自己以及他人的苦難。保護你免於受苦的崇高智慧，將會顯現在你心中。」

在這些隱居靜修的日子中，我禪思理解萬物相互依存的智慧。我每一天、每一秒都活在這樣的心識當中，因佛之愛與慈悲精神而證悟的心識。愛與慈悲是同一種仁慈善行的兩面，愛是希望眾生都能幸福安樂並尋求所有使他們幸福安樂之因，慈悲是希望他們能從苦難中解脫。我用祈禱來累積功德，以求消除所有形式的苦難輪迴。

對愛與慈悲的禪思，使我自然而然地生出與萬物一體的感受。當我持續禪修，透過疾病之苦來體驗這種緊密相繫的感受，更賦予了我新的力量。在此之際，藉著奉獻自己以換取他人的利樂，我找到了內在平靜的根基。獨自隱居了三年，我孤單卻又不孤單；透過祈願，我與眾生合而爲一。

終極療癒

三十七歲的我，並未倖免於生活的艱辛與困苦。這些苦難成了我的導師，教導了我苦難是再自然不過的、也是生命之輪的一部分。從無始以來，我們一直在受苦；認識苦難，是釋迦牟尼佛二千五百年前在印度宣講教法中的第一個聖諦（苦諦）。我們並非藉由避免受苦來結束苦難，而是藉由了解苦難、接受苦難、不再反抗苦難，我們才有機會爲自己以及眾生除滅苦難。

被接受的苦難不會再使人感到痛苦，而是成爲力量，一股改變的力量。三年來，這股苦難之火燒盡了我內在極爲古老的業力。在我被淨化的心中，我欣然接受人類苦難之痛，我將自己透過禪修而從內心生出的所有光明、喜樂都獻給人類。我吸納了瑜伽修行者朗日塘巴的如下建言：

直接間接諸利樂，
願集奉獻如母眾，
如母有情眾苦迫，

我願暗中盡取受；
願此所修一切善，
莫爲八法①所垢染，
深觀諸法皆如幻，
離執離繫得解脫。

我願取受眾苦並將我的利樂奉獻給眾生，我從內心實踐了偉大的印度聖人阿底峽尊者的建言。十一世紀初，他來到西藏傳授發心宏大的自他交換法，我在寺院學習的那段期間，曾經受教過幾次。「施受法」，是一種很快就能成爲第二天性的心智訓練，因爲它與作爲生命之源的一項行爲有關：呼吸。吸氣時，我們無條件地欣然接受六道眾生的所有痛苦，讓這些痛苦宛如黑煙般進入體內，毫不抗拒地讓它們流往我們的心輪；而就在黑煙接觸到我們的存在中心時，我們的慈悲能量會將這股苦難的能量黑煙轉變成光，將痛苦轉變成喜樂。然後，我們呼出這股喜樂，毫不保留地將我們的喜樂以及喜樂之因完全奉獻給眾生。

「別害怕將眾生過去、今日、未來的苦難吸收進來，」格西阿克吉帕對我這麼說，「這些苦難一旦被吸納到你心中，就會轉變成喜樂的甘露；只要經過若干訓練，對你來說，施受法就會變得像呼吸一樣自然，顯示你已經完全融入這項修行了。」

日復一日，一個呼吸接著一個呼吸，我發現了慈悲的力量。慈悲是永不枯竭的生命泉源，因爲慈悲就是佛的本性。唯有慈悲的能量才能終結自我的偏執以及對現實虛幻的感知，穩定我們的心智。從這個意義上來說，慈悲是一種療癒的能量，因爲它會淨化心毒，從而讓我們得以進入心的微細層面；在我禪修時，施受法讓我愈來愈清晰地看見從心往外散發的奧祕光芒。

格西拉說：「在心輪的中央閃耀著心智，是本質的精華，毫無造作；它是發光的球體，大小如扁豆，含有同時湧現的原初智慧，體性爲空，自性爲無礙之明澈清晰。」

格西阿克吉帕的這些教導呈現出新的意義，它們被實踐，也因慈悲而大放光明；二十年之後，它們被實現了。施受法讓我得以深入修習內在的瑜伽能量。

在深入而精微的層面上，扎隆法會使維持生命的點滴或精華（藏文稱之爲明點〔tigle〕）再生，它們就位於心的中央。人可以藉著將注意力放在氣脈與氣上，驅動生命力（普拉納）從兩側的氣脈流往中央的氣脈，因爲左側與右側的氣脈中充滿了模糊隱晦的情感及其業力印記，

①世間八法是求樂懼苦、求利懼衰、求譽懼毀、求稱懼譏。

而被稱爲「了悟的氣脈之母」的中脈有著非二元性的本質，就像覺醒的心智；這個氣脈被賦予了類似黑洞的能量，能吸收業力之氣並抵銷它們，將它們轉變成智慧之氣。

「將你的全副注意力放在你的心，」格西阿克吉帕對我說，「專注在從心散發出來的能量，把意識放在它內在的振動；就像一面反射一切而不抓取任何事物的鏡子，它會映射出明光。當它對你顯現時，保持不去抓取它；如此一來，你就能使菩提心覺醒，也就是『覺醒之心』，結合大樂與空性的心氣。」

就像扎隆，施受法的本質是覺醒的終極療癒。我所分享的格西拉之教導，只是對這項修習的介紹；正如我之前曾經提及，有關我見到的異象、我遭遇的障礙、我如何克服它們，以及誌記這段時期的跡象與成就——這一切，我都不被允許透露。我身爲出家人的誓言要求我必須保持緘默。

我看到最先改善的跡象

儘管我不被允許透露我的修行證悟，但我還是可以談論我的身體康復以及健康狀況的改善。

十二月時，在佩瑪多傑的公寓安頓好之後，不顧醫生們反覆重申我的腿已然壞死的結論，我不斷感受到一線生機，即便我腳上的肌肉看起來的確就像是已然壞死。我感受到的跡象儘管微弱而模糊，卻是始終存在的，就像一棵遭到雷擊的樹上冒出小小的綠色嫩芽般難以覺察；因爲，在被燒成灰燼的樹皮底下，仍然有著傳輸生命訊息的樹液存在。因此，我專注在罹患壞疽腳踝上的一絲微光，持續將禪修能量朝這一點發送。

我相當清楚若是照醫生們的診斷來看，我注定難逃截肢的命運。我知道我腳上的血液流動受到了阻礙，使得細胞得不到養分而無法再生；因此，我決定重建已然乾枯的血管。但是要使我的身體恢復活力，我得先從細微的層面開始著手；是故，我的首要目標是重新激活踝關節的脈輪，使我的生命力（普拉納）流入它的氣脈之中。於是我每次禪修有一部分是朝這個目標以及扎隆（亦即氣脈）。

在我開始禪修的前幾個星期，我的傷口仍然腐爛並滲出液體。每天早上我都會清洗傷口，但我無法像醫院的護士一樣進行深入刮除，只能清除隨著膿汁流出來的骨頭碎片，並用溫紗布來使血管重生。然而要不了多久，我就開始看見改善的初步跡象了。接下來，我面臨醫生們不願承認我病情好轉的跡象；他們只在這個跡象變成不容否認的明顯事實時，才願意承認。儘管如此，他們也並未對我採用的療癒方法表現出任何興趣。

醫院的報告

爲了治療我的骨結核病，我仍然定期回貝爾維尤醫院看診。二〇〇四年一月二十一日，那是我出院並自行展開療癒閉關的七個星期之後，我前往醫院赴萊恩醫生（Dr. Ryan）的約診。打從我進入貝爾維尤醫院並加入「酷刑倖存者計畫」開始，這位來自紐約大學的年輕醫生就持續追蹤我的病例，他無疑是我有幸認識的所有醫生中最親切和善的一位；我告訴他，我腳踝傷口滲出的液體變少了，他檢查了我的傷口之後，也注意到狀況的確有改善。我的壞疽產生這種出乎意料的變化激發了他的好奇心，於是他爲我照了X光。

放射科醫生的報告中對這張X光片解釋得相當清楚：「再次發現右腳踝關節的破壞性關節炎。右內踝部位的孔洞化與骨膜炎自前次檢查以來似乎有某種程度的痊癒；此外，整體的骨密度似乎更均勻，稍早檢查中發現的斑點狀全身性骨質缺乏部分有間隙的消除。右腳踝關節邊緣的碎片化與崩塌程度——在距骨背較爲嚴重——基本上維持不變，然而根據横向的投影，右腳踝關節可能有積液，輕度的整體軟組織腫脹維持不變。」

萊恩醫生給我的滿腔熱望澆了一盆冷水。病情的確緩解了，但這並不意味著康復。

「讓我們保持謹慎！」他下了結論，「你的狀況沒有變得更糟，而且我們還看到好些改善，這已經相當了不起了；但是骨膜（附著在骨骼表面的組織）仍然處於發炎狀態，而且遺憾的是，局部敗血性關節炎的診斷仍然不變。」

儘管如此，隨著日子一天天過去，化膿的狀況出現了顯而易見的復原跡象，改善到我甚至不必清洗傷口的程度，我看到傷口已經開始結痂了；同時，我的疼痛也減輕了。在走路時，我甚至可以不用枴杖就在公寓裡自由走動；當然，在鄰近街區四處走動或是前往醫院時，我還是需要把枴杖帶在身邊。我猶豫著是否要告訴醫生這項改善，因爲他們一定會質疑；我也知道，得意洋洋的態度並不會讓人感覺愉快。

二〇〇四年七月四日，有位在去年秋天曾經強烈建議我截肢的醫生，驚訝地看到我竟然可以把腳平踏在地上。她在報告中指出，我的壞疽有非常良好的後續發展，我不再疼痛了。她問我後續採用了什麼樣的治療方法，我回答她，我一天禪修十二個小時。她瞪著我看，被我的回答逗樂了；不可置信的是，她嘆著氣說：「如果一個人可以透過禪修治癒疾病就好了！」

我很驚訝她對我的改善竟然絲毫不覺得奇怪。才不到一年前，她宣判了我的命運，聲稱我細胞已死的腿已然壞死；但是八個月之後，她看到這條腿又活了過來。在她眼中，我不就是透過禪修治癒疾病的活生生例子嗎？剛開始時，她拒絕提供我除了截肢之外的任何治療，她甚至在我面前大聲說，她懷疑我如果不截肢的話還能活下去。那一天，我對這種極度缺乏理解的態度深感遺憾。

我每隔一段時間就會去看同一位醫生，為我治療結核病的肺科醫生。我在二〇〇四年九月二十九日和十二月二十九日都有去看她，而每一次，她都會檢查我的腳並注意到改善的範圍逐漸擴大。二〇〇五年二月十六日，她記錄了一個新的事實，明確地顯示出我每個星期取得的進展；現在，我已經可以不用枴杖走過三個街區了，除了痛才使用。我曾為了測試我的力量，沿著佩瑪多傑公寓旁的筆直大道行走，就是為了看看自己能走過幾個街區；一開始我猶豫著該不該這麼做，有好幾個星期，我還是帶著兩支枴杖行走，以防自己走到一半腳軟無力。現在，隨著我的信心與日俱增，我可以只帶一支枴杖了。在我的靜修期間，我每天都在午餐的休息時間進行這樣的運動。能夠僅透過禪修來克服壞疽，不但令我深受鼓舞，更十分引以為傲。

二〇〇五年九月六日，我向這位醫生表示，如今我已經可以毫無疼痛地走過五個街區並站立兩個小時；她注意到我的傷口的確結痂了，而且我也恢復了腳踝的活動能力。兩個多月之後，十二月二十七日，她為我開立了一副固定的踝足部支架；這種輕巧而透明的塑膠夾板可以支撐並穩定腿部、腳踝以及足部。這副設備讓我在行走時舒適多了，而且最重要的是，它可以防止我扭傷腳踝。考慮到我的腳踝還很脆弱，失足滑跤的危險還是很高，因此，這副支架我用了好幾個月。

我逐步恢復了力量。禪修時，我持續觀想著腳踝上的脈輪與氣脈，隨著它們重新生成靜脈與血管結構，它們也變得愈發清晰而明亮。同時，我將所有病苦、失能及殘障之人納入我的觀想之中，承擔他們的痛苦，並將我的療癒之氣發送到他們身上。每次搭地鐵前往醫院時，我都會看到無家可歸的人；他們身上刺鼻的臭味使得其他乘客都避之唯恐不及，但我心中總是會湧出深沉的慈悲與同情，使得我反而走近他們。我的腳踝傷口曾經是令人作嘔的化膿血肉，也深受腐敗壞疽的惡臭氣味之苦，我怎麼可能不相信，其實他們也不願意讓自己散發惡臭呢？我無法說他們的語言，但我會花時間靠近他們、觀想他們沐浴在佛光的加持下，以我靜默無聲的祈禱蓋過他們的痛苦。

在地鐵的每節車廂中，我打量著我看見的所有受苦、流淚、絕望的人。在我接受出家僧侶的訓練期間，我遭遇過食物匱乏、衛生條件極糟、疾病及喪親之痛；但一直要到我流亡美國並深受壞疽折磨，我才得以略窺這世間的種種苦難之海。隨著生命力再度流到我的腿上並讓它活了過來，《慈經》❶（*Love Sutra*）的經文不期然地湧上我的心頭，並在我親眼目睹周圍有形與無形、令人絕望的人事物時，賦予我源源不絕的慈心與悲心：

❶經文是來自《慈經》，但《慈經》的英文翻譯多為《*Metta Sutta*》而非《*Love Sutra*》。

猶如母對子，願以己生命；
修習勤發展，無限量慈心；
保護彼獨子，如是對眾生。
慈心對眾生，發展無量心；
上下普四方，盡皆無障礙；
泯除憎恨心，亦無敵對意。

9

心不生不滅，無生無死

受苦是必要的經驗

自二〇〇六年秋天之後，我就可以正常行走了。我的壞疽、骨結核和胸膜炎都已經完全康復。我的療癒閉關持續了三年之久。

在這三年中，感謝達賴喇嘛的加持並與我前世累積的經驗重新建立連結，讓我找回禪修以及完全康復的力量。肉體上的疼痛時而劇烈、時而緩解，但幾乎從未消失；儘管如此，我仍設法將我的心從這些痛苦的感受中抽離出來。當我受苦時，我的心禪修空性；我想像眾生就像我一樣也在受苦，並且熱切地希望從痛苦中解脫。在這些時刻，我與六道眾生合而爲一，體驗到現實的眞實本質——在兩種心識的層次上。

在相對的層次上，意識到肉體的痛苦，使我錨定於現實的第一個層次，亦即有條件的存在，也就是受苦。在終極的層次上，意識到平靜、喜悅、安詳，使我錨定於現實的第二個層次，也就是慈悲。這兩種層次是共存的，而禪修空性會讓它們斷滅消失。

人們只有在患病或遭遇各式各樣的生存困境時，才會了解受苦是多麼必要的經驗！我們不應該因爲懼怕無法維持一切都很好、我們可以像現在這樣繼續下去的幻象，而去逃避這樣的經驗；倘若如此，我們將會失去修行之路的根基，即接受肉體與生命的本質就是受苦。當我們願意欣然擁抱這項顯而易見的事實時，疾病會變成贈禮；即使是久病臥床、被監禁、失能或是殘障的人，都能爲利樂眾生盡一份心力，並賦予無所不在的苦難全新的意義。

我的壞疽得以康復，也從而淨化了我傳承中一項特殊的業力；因爲前世的帕雅仁波切也有類似的健康問題，並且延續到這一世的我身上。我的疾病就在我踏上西方土地時爆發，接下來，雖然我的病在西方世界痊癒，卻是以西方醫療體系之外的方式治癒；透過禪修與內在能量的瑜伽修習，我得以恢復了健康。儘管我無法公開透露這些修行的本體精髓，但我已誓言要與極其精進和進階的禪修者分享治癒我的扎隆修習法。

我的療癒需要我先驅除一項錯誤的假象，也就是，西方的醫學是萬靈丹；從那之後，我一直試圖了解現代醫學最缺乏的是什麼。同時，我也無法理解爲何醫療照護團隊會因爲堅持截肢手術是我的唯一選擇，從而屏棄了他們的神聖天職（致力於服務生命）。拒絕截肢並離開了貝爾維尤醫院之後，我不得不承認他們的醫療方案並不適用於我的情況；於是我決定信任自我的療癒能力，而這項能力就存在於我的扎隆練習與訓練當中。倘若沒有這項寶貴資產，我不相信達賴喇嘛會要求我從自身內在去尋求療癒；我也相信若非如此，我不會有智慧去拒絕被迫接受的手術。

另一方面，在我康復之後，爲什麼希望我截肢的同一批醫生卻選擇拒絕承認我的康復呢？我不明白。他們看到我壞疽的傷口癒合了，也看到我如何逐漸嘗試不用枴杖走路；然而，他們寧可選擇去忽視這個事實代表了什麼。是因爲這牴觸了他們預期的災難性預後，還是因爲我運用了心的療癒潛能？

我從不允許自己與醫生們爭辯，不論是對於他們所謂不可逆壞疽的診斷，還是對於他們全體一致通過的截肢建議；我始終感謝他們的辛勞，並對他們表示眞誠的謝意。反過來說，詢問我如何治癒是否對他們來說太難以承受？他們無法認可從醫學院以外學習療癒的這項做法？

我相信曾經治療我的醫生們，不論過去或現在，都完全致力於爲他們的病患提供服務；我毫不懷疑他們會盡自己所能、用一切方法來治療他們的病患。醫學是一種天職。就像我一樣，每個醫療照護團隊也都誓言要爲眾生服務；然而，他們爲何不去探究可以提供病患的所有醫療替代方案？畢竟，他們承擔了治療這些病患的責任。我始終深信切掉不等於治癒，因此，我仍然無法揣度西方醫學界的狹隘心態。

心不生不滅，無生無死

有些醫生的確對我的康復表示興趣，但他們不見得想了解我從禪修中獲得的治療效益。他們傾聽我的療癒過程，流露出一絲屈尊俯就的優越感，然後突兀地將我的情況列爲無法解釋的自發性康復案例之一。儘管我的康復幾乎無法解釋，我仍然可用深具條理與結構的思想體系對發生在我身上的事做出說明與邏輯性的描述。在寺院學習時，我們接受的訓練不只是禪修，還有辯證法與論證；我的禪修並非脫離於精確的知識主體之外，而是基於徹底而詳盡的理論基礎，這項基礎構成了精微能量體與扎隆禪修瑜伽修習的內在科學之核心。

我常有這種感覺：貝爾維尤醫院的醫生們把我的身體視爲一堆分離而獨立的零件，因此他們一心只想切掉我膝蓋以下的腿；這在他們所有報告中都有紀錄，並且以縮寫BKA（below knee amputation，膝蓋以下截肢）來表示。同樣，外科醫生以拯救生命的名義遂行切割之實，包括切斷手、手指，以及移除膽囊、脾臟或是胃等器官。但是，還有其他的治療方法。西藏、中國或阿育吠陀的醫學，都是使用以植物或自然物質爲主的藥物，可以完全修復骨折、治療感染傷口或是恢復衰竭器官的功能。

由於我的經驗，我對現代醫學架構的思想體系進行了廣泛而全面的反思。誠然，現代醫學拯救了無數生命，這全要歸功於它掌握了非常先進的醫療技術；但是，以我的情況來說，它的方法並不完善，或許對其他的病例來說也是如此。在我看來，問題的根源似乎是完全缺乏對心智本質的認識。醫學的最大錯誤，就是把心智與大腦混爲一談。

在人體健康的領域中，從護士到專科醫生的整個醫學界都認爲，心智的存在是大腦的功能。現代的成像技術使得認知事件被歸納、簡化爲可被觀察的信號，科學家並不認爲心智的活動可能不同於印在他們照片上的腦波，而這是嚴重的錯誤；即使磁振造影（MRI）或功能性磁振造影（fMRI）確實記錄了心智生命的存在，也只是極爲粗淺的層面。我的傳統教導我們，儘管肉體生命直接來自我們父母的身體與生殖系統，心智生命只能來自心智，物理或有機物質皆無法生成心智。一個人的心智，在受孕之前就從心智中誕生了，這是屬於心識之流的心識事件，所有藏傳佛教的學派都證明了這一點，厚厚的書籍寫滿了關於心智本質的主題，禪修者更藉由幾輩子致力於修行而得到證悟。

當大腦死亡，我們稱爲腦死；但是大腦死亡時，心智也會死亡嗎？在西方世界，這個題目往往被忽視，但它著實應該被進一步地探究。所有東方文化都檢視過這個問題，不論是在古老的過去與現在，亦或是從流行文化、科學到學術界的各個領域。重要的是，我們得聽取所有人在這個問題上異口同聲的意見：

心不生不滅，無生無死。

超越感官意識的心識

在我成長的過程中，經歷過層出不窮的這類實例：已經往生的瑜伽修行者，明明心臟已停止跳動，身體卻並未開始腐敗，這樣的狀態可保持三週、有時甚至四週的時間；我可以看到他們的遺體發出光芒、散發香氣，在兩肺之間的心輪位置仍然是溫熱的。我們傳統接受腦死，因爲腦死相當於極短暫的死亡瞬間；儘管呼吸停止了，但體內之氣以及心智生命仍會持續一段時間；對平常人來說，這段時間約莫是三天，但以接受過深度禪修訓練的瑜伽修行者來說，死亡之後的心智生命可以持續的時間長達數星期之久。

在精微的層面上，心智存在於能量體（金剛體），亦即我們借助扎隆修習有幸體驗到的能量體；這股能量不但在人體之內流動，也在人體之外流動。這股宇宙生命的能量，正是我用來重建受損腳踝的血管、神經、軟骨及骨頭的能量。然而，這股能量並非來自大腦，心智的要素正是賦予我們身體細胞與大腦細胞生命並維續其存活的創造力；透過這樣的源頭，大腦的結構及其功能得以衍生。生命最初的活力與源頭，即存在於心智之中。

對瑜伽修行者來說，只要他們能保持死後的禪修狀態，能量就會繼續存在肉體之中；他們有些人讓自己的肉體維度呼應元素的精微振動，展現出迦魯（ja-lu）或稱「彩虹體」的異象；他們的身體完全被帶著五種元素色彩的閃爍光芒吸收：黃色是土、白色是水、紅色是火、綠色是風、藍色是空。

也有些禪修者在感覺死亡時刻逼近時，會將自己鎖在房間裡，要求三個星期之內不受任何干擾。自西藏被占領以來，中國的軍人有時會強行去開啓這些房間的門，然後被眼前所見嚇得魂飛魄散、驚慌失措地逃跑出來；他們會親眼看到老人的屍體縮小成嬰兒般大小，或是發現以禪修姿勢靜坐的肉身看起來既年輕又栩栩如生——即便禪修者已然死了幾百年。僧侶們甚至會為他們修剪他們死後繼續生長的頭髮、鬍鬚及指甲，宗喀巴就是活生生的例子，他的肉身在甘丹寺的主殿裡，仍然充滿彈性而且栩栩如生。

由於心智在肉體中持久運作，使得肉體有可能被轉變或保存下來。心臟停止跳動後，心智仍持續運作；心跳停止會導致大腦死亡，但心智並未死亡。一旦肉體不再有養分滋潤，這具屍體就會腐爛並變得有害；但在禪修者的例子中，他們的肉身保持著紅潤鮮活，皮膚光滑，甚至散發香氣。親眼目睹這些肉身的人往往有這樣的印象：他們變得更年輕、臉上的神情也極為輕鬆安詳；這就是一個跡象，顯示他們正沐浴在死亡的明光之中，亦即當心智從心理狀態或是受苦之源的心理活動中解脫出來時，所放射的純淨之光。

死亡之後，身體會處於完全靜止的狀態，血管、灰白質或神經之中再也沒有任何活動的信號。然而，瑜伽修行者的心智會賦予精微脈絡生命，在這些脈絡之中，能量繼續以體內之氣的形態流動運行著。心宛如騎師，氣則宛如騎師騎乘的馬，馬與騎師就像氣與心般密不可分。

當佛陀覺醒時，他的精微體以肉體之形呈現，且完全與能量體合而為一。佛陀的身體截然不同於凡人的肉體，具足非凡的外貌與身形特徵，即所謂的三十二相與八十種好。舉例來說，三十二相的第一種相，就是足下生輪，輪有千輻；因為覺者會始終尊崇並伴隨著他的上師。他的手掌也是如此，因為他以純淨而完美的方式修持布施。在八十種好中，佛的手如綿般軟淨滑澤，手紋明直深長，眼廣長清澈、黑白分明，眼睫濃密，宛如蓮花的花瓣。

覺者的身體也被賦予了神奇的力量，像是「神足通」，讓他可以在一念之間就到他想去的地方。由於佛的心智可以完全滿足他的肉體所需，他只需要想像一個地方，他的（純粹心性〔spiritual essence〕的）肉體能量就可以在那裡顯現出來。覺醒之心是明亮的金色帶著藍色的反射，一種無所不在的心智能量，超越了心理有限狀態的時空範疇，輝煌燦爛、無量無邊，於萬物（有生命與無生命）之中振動。

這對西方醫學來說是無法理解的。西方醫學是一門以物質的治療方法為基礎的科學，不可能去察覺心智的活動，因為心智顯現的層次超乎大腦成像的最精密複雜技術所能偵測。因此，神經科學的專家就迅速下了結論，認為心智並不存在；因為他們認為看不見的事物就不存在，從而將心智與大腦混為一談，將死亡與大腦活動的停止畫上等號。他們認為，死亡就是所有原始的意識失效之時；更準確地說，就是在視覺意識、聽覺意識、嗅覺意識、味覺意識、觸覺意識及心理意識脫離認知的解碼過程時。西方科學界並不承認有一種與感官意識截然不同的自主意識狀態存在。

然而，認同這種從所有感官狀態之外分隔出來的心靈狀態，卻是我從十六歲起就在果洛寺接受的扎隆訓練的入門要素；當我流亡到印度南部的色拉昧寺，我也接受了內在瑜伽能量的深入指導。換句話說，當我在紐約市展開我的療癒閉關時，我已經在這個領域中修習了大約二十年。我常遇到想停止醫藥治療、希望透過禪修自行療癒的人，但是他們之前並未接受過必要的訓練，所以我從來不鼓勵任何沒有準備的人貿然仿效我的作法。

我接受的教育，讓我得以結合佛教修行的三個主要層面：身爲出家僧侶的宗教層面，身爲格西的哲學層面及身爲能量瑜伽禪修者的內在科學層面。這樣的教育包含了幾萬個小時的禪修，就我而言，在二十五年之中，光是禪修就花了我一共七萬七千七百四十五個小時，還不包括花在哲學研究與思辯上的時間；這相當於平均每天要花九個小時的時間。爲了糾正不良的習性並在身、口、意三個層面上以健全態度來取代，積累大量的禪修時間是必要的。一旦建立內在的和諧，禪修就能使我們熟悉心智更加精微的本質；我們在思想最深處所發現的這種覺醒存在，成爲我們關注的對象，而眞正內心平靜的根源，只能從禪修中誕生。

我的復原並非奇蹟

貝爾維尤醫院的醫生們告訴我，我的自發復原並不獨特；這眞是太有趣了。他們對我的壞疽改善不感興趣，也沒有任何人承認截肢的建議是錯的；然而後來，有些人倒是毫不猶豫地暗示我經歷了奇蹟般的康復，而非接受我康復的原因可能是禪修！

這種反應顯示出另一種不願理解的態度。我雖然是出家僧，但我從未主張佛教修行是唯一通往療癒的道路。我們每個人都藉著遵循與自己業力相應的修行道路，以特定的方式來發展我們的心智潛能。佛經中不是說，有八萬四千法門可讓人通往解脫之道嗎？

對我來說，我一點也不懷疑其他宗教及其他禪修法門——舉例來說，像是靈氣或氣功，可以治癒癌症或愛滋病之類的重症。事實上，帶來療癒的並非某種傳統，而是懂得如何使用我們的心智能量；無論是哪一種方法、宗教，無論我們是基督徒、穆斯林或是印度教，每個體系都已發展出自己的治療方法。而我的方法則適用於我，包括對光與空性的禪修，做到了轉化的程度，或說菩提心，也就是利他的覺醒精神；儘管這個方法拯救了我，但我知道，它一點也不特別。人類擁有不同的想法觀念，而這一點使我深感喜悅，因爲能夠去選擇並享有對我們自己最適合、有效的方法，是一件好事。但是，醫生們無視心智的本質，他們往往把心智與大腦活動混為一談；有時，他們會要求我提供證據，證明是禪修使我康復。事實上，證據並不缺乏，但這些證據無法符合他們的參考系統或說明架構的標準，也無法符合他們的世界觀。

長久以來，科學家們一直認為神經元從出生起就已固定成形且保持不變，但他們最近已接受大腦可塑性的概念。這是重要的進步，但根據扎隆的內在科學，比起大腦，心智更擁有無限的彈性與靈活度；心智的敏捷度與流動性，使其被比作泡沫，泡沫會不停地隨波浮動，就像心智一樣。如果心智經過訓練，它就有可能被改變；這就是為什麼培養與保持愛、仁慈、開放心態等正面情感，以及接觸眞理而產生的智慧，是如此地至關緊要。

在瀕臨死亡並進入中陰，感官意識的粗糙元素被消除了。在人類生命的這個最終時刻，我們被賦予得見心智眞實本質的機會；當大腦死亡時，心智會顯露強烈光芒，而不再處於遮蔽的狀態。

重要的是要知道，在我們這一生當中，這件事一定會發生，所以我們得學習如何審愼地使用我們的心智。如果我們繼續讓自己沉浸於物質事物當中，不去控制我們的渴望、貪著、瞋怒造成遮蔽的心智狀態，它將會在死後持續。一旦我們的心智離開了肉體的支撐，想改變這種精神折磨，想從我們的意識之流中根除恐懼、瞋怒或妒忌，就會變得極端困難。

另一方面，如果我們能在此生練習能量瑜伽，並使心智與純淨完美的上師之心智融合為一，那麼這種值得稱頌的心態將在死亡時刻自動顯現；又或者，若是在此生，我們能使心識沐浴於對神聖藝術——不論是覺者的畫像或塑像的觀修之中，同時誦念祈請文與咒語，那麼這種正面的習性也會在死後與我們共存。如果我們努力去認清我們的心智，我們將可立即從有條件生命的輪迴中解脫出來。

在此生，我希望有那麼一天能在心的眞實本體這個題目上，進行深入的講授與教學，因爲我的經驗對我揭示了它的眞義。如果我能說服醫生們相信心智在身體復原過程的重要性，他們將能以更好的方式去治療無數的病患。現代醫療技術與內在科學的精神傳統及祖傳智慧的互補性，在我看來似乎是一種充滿希望的好方法。這種方法讓人們得以結合心智生命的核心層面與醫療的藝術，進而燦爛綻放。

藥師佛得度林（Menla Thödöl Ling）、藥師佛園（Medicine Buddha Garden）

我康復之後，並未停止祈請與迴向功德：在西方成立一個中心，能致力於推廣平靜與療癒的內在科學。我不知道這個心願要多久才能實現，但自從我十三歲時，在夢中追隨著彌勒佛的腳步並承諾了宗喀巴，我就誓言要從根本來服務眾生，一切的眾生。

我奉獻出生命解救眾生脫離種種苦難，不論是生理或心理上的苦難；我始終堅信這個目標終將達成，而且我的動機因我的疾病與苦難經驗而愈發堅定。本著這樣的信念，日復一日，我從未停止修行，我唯一的目標，就是要把讓我得以康復的方法傳揚出去。

然而，這個目標需要天時、地利、人和才能成事。在我遇見蘇菲亞．史崔—芮薇的那一天，我知道時機終於來臨了。我們的會面可追溯到幾世之前業力成熟的結果。過去有許多記者、作家和電影導演設法說服我寫出故事，但我遲遲無法確定他們能全面而深入地理解我的故事。我的靈魂與蘇菲亞的連結如此緊密，以至於我選擇將自己的故事以及開辦我的課程計畫「體驗平靜與內在療癒」（Experiencing Peace and Inner Healing）①的任務託付給她，因為我知道她的動機來自於眞正的慈悲，她本身一直致力於闡明深層的心智與能量之教學。在達蘭薩拉的格爾登寺（Kirti Monastery），有一位偉大的金剛乘上師曾經傳授她時輪金剛（Kalachakra Tantra），那是藏醫學最高和基本的教法。在上師的指導與達賴喇嘛的加持下，蘇菲亞史無前例地將梵文時輪金剛有關能量精微體的書翻譯成西方語言，她也記錄了達賴喇嘛的心靈自傳《第十四次的旅程：達賴喇嘛的心靈之旅》（*My Spiritual Journey*）以及他的書《我對世界的呼籲》（*My Appeal to the World*），這兩本作品都詳述了他為正義、眞理及和平所作的奮鬥。蘇菲亞常常在達賴喇嘛的教學課程開始時吟唱梵文的《心經》，她將藏語祈請經文的旋律改編成法語。當我第一次聽到她的歌時深受感動，我認出了在西方語言裡這些歌曲中存在的振動。

二〇一三年五月底，她邀請我前往歐洲，展開我第一次的歐洲教學，在位於厄爾河（Eure River）支流處、野天鵝棲息的迷人所在。其中有一隻被蘇菲亞取名爲阿桑加（Asanga，意爲「無著」〔Without Attachment〕）的野天鵝，會在她呼喚時走近她並啄著她的手；候鳥常常前來這座柳樹圍繞的池塘畔棲息。我在快要穿越大門時聽到了杜鵑的婉囀啼鳴，那是我童年時十分熟悉的鳥兒，至今仍然讓我魂牽夢縈，但自我離開西藏之後，已經整整二十三年沒聽過牠的叫聲了。牠的啼叫是一個徵兆，讓我知道，西藏的靈魂將在這個地區重現生機。

如今，我仍繼續在這裡發展我的內在科學與禪修療癒瑜伽的修行課程。我原本建議蘇菲亞把這個地方叫作「藥師佛得度林」，意思是「傾聽藥師佛而得解脫的園林」或更簡單的「藥師佛園」。我深信，眞誠而積極的修行者必能在這處所在體驗到淨土，並且踏出離苦得樂的第一步。

①奢摩他的三年課程計畫「體驗平靜與內在療癒」在二〇一五年三月展開，吸引了首批追隨者，其後又有許多人加入了這項課程計畫。

【第二卷】

願每個人都能聽見喚醒他們的聲音

蘇菲亞・史崔—芮薇

往外看的人，在做夢；
往內看的人，覺醒了。

——卡爾・古斯塔夫・榮格（Carl Gustav Jung）

1
《大佛頂首楞嚴經》

如何爲一個沒有任何我執的人撰寫故事？

「蘇菲亞，我沒辦法回答你所有的問題！」

仁波切大笑。他快樂的能量極具感染力，我也跟著笑了出來。他臉紅了，不時把頭埋在雙手或是躲進深紅色披肩後頭；然後，他又抬起頭來，使勁揉搓著光頭。隨之而來的是沉默的一刻。他的頭向前低垂，然後又抬起來注視著我；我們停止了交談。他在對我說話，卻不用任何言語。過了片刻，終於，在他那瑜伽修行者的眼中，帶著沉思的光芒，卻完全不帶任何欲望想去抓取或掌控這個世界的力量，我讀出了一絲贊同的意味。仁波切低沉的聲音開始以粗淺的英語緩慢地述說。他所表達的語詞雖然缺乏基本語法，卻充滿了出乎意料的深度。

這是一場精采的談話。因爲帕雅仁波切是一位牟尼（muni），就如同「釋迦族出身的聖人」（Sage of the Shakya）①以及佛教源起時的所有尊貴上師。在古時的學校中，據說佛陀不用言語教學，而是發出聲音，就能讓每個人都能聽到覺醒所需要的東西。

帕雅仁波切也是一位上師，受過哲學辯論、辯證法和論證的訓練。因此，當他闡述時，他會先表達立論清晰的想法（譬如當他在推論心智的本質時），再謙遜地逐步揭露他自己的故事以及走向覺醒的旅程。

「這、這、這……這眞的很累！一再地談論自己眞的很累！」

仁波切嘆著氣。顯然這是第一次他得這麼努力地述說自己的生平故事。他深感不安，而且不時感到困窘尷尬。剛開始，我很懷疑我們能否集結他的回憶。我該如何爲一個沒有任何我執的人寫出他的自傳？

在已說出口與未說出口的話語之間，我蒐集、拼湊出零散的碎片。我們重建起他的流亡生活不爲人知的開始。二〇一四年二月，我在紐約與他見面；於是，在東岸那個冰冷的冬天，我們一起回到了過去。在貝爾維尤醫院，我們與「酷刑倖存者計畫」的經理見面，加入這個計畫的西藏人、中國人、伊朗人、塞爾維亞人、剛果人、蘇丹人、喀麥隆人等在此摩肩擦踵，我聽到門廳走廊中充滿了各種語言的聲響；在這裡，醫療團隊幫助暴行下的倖存者復原。對於被剝奪人道對待的人們來說，他們的地圖沒有邊界。這間紐約市的醫院提供的特別醫療照護服務，讓仁波切發現了一個世界，裡面滿是他苦難的兄弟姐妹。

①這句詞語是「釋迦牟尼佛」或歷史上佛（historic Buddha）的直接翻譯。牟尼一詞有各種含意，可以意味著智者、聖哲、聖人、先知、苦行者、僧侶、隱士、遁世者；而釋迦牟尼之名，字面意思是「釋迦族的聖人」。

我們一起重遊佩瑪多傑之前的公寓，位於曼哈頓大道二百六十五號、威廉斯堡大橋附近，仁波切自康復之後就沒再回去過。這是巧合嗎？中國房東李先生剛好在我們抵達時回到家，幫我們開了門。仁波切向他自我介紹，但李先生神情茫然，似乎不記得他；或者他不想記起來，因為我的相機與錄音機使他感到不安。

在西藏之家，我們見到了羅伯特・瑟曼，他是我在美國的出版商與朋友。羅伯特十分樂意協助仁波切，因為他曾經扮演了一個非常特別的角色——擔任信使為仁波切傳達信息給達賴喇嘛。後來，我也在 Skype 上跟瑪麗娜・伊里奇通話，因為她現在搬到加州了。於是，我逐一見到仁波切提過的那些人，他的療癒故事也逐漸鮮活了起來。

與佐蘭・喬西波維奇（Zoran Josipovic）醫生的會面

我抱持著很大的期望要跟佐蘭・喬西波維奇醫生②會面。他是紐約大學神經科學領域的研究員，也是非二元性機構（Nonduality Institute）的創始董事。他的使命是提供意識精微本性的禪修課程，而意識精微的本性，引用偉大的西藏瑜伽修行者龍欽巴（Longchenpa）③的話來說，就是「廣闊、不變、無可言喻的浩瀚無垠，相當於空間與永恆，一切有情眾生與生俱來的本性」。

我們在他實驗室附近的酒吧見面。在昏暗柔和的燈光下，我幾乎無法辨認出喬西波維奇醫生明顯的五官，只看到他熱切的雙眼，因爲對冥思神經科學（contemplative neurosciences）的研究熱情以及再次見到帕雅仁波切的喜悅而燃燒。當他對我述說仁波切時，他的臉龐發亮了：「我已經練習禪修大約三十年之久，大部分是以藏傳佛教的傳統方式進行。我遇過許多老師，但是沒有一位跟仁波切一樣，以如此激勵人心而且令人耳目一新的方式讓我重新認識禪修。他說到自己的療癒故事時，竟然可以簡單到令人深感震驚！」

喬西波維奇醫生聽過許多被稱爲「奇蹟」的痊癒故事，也親身見證過無法解釋的超自然現象。儘管如此，他聲稱自己從未遇過一個像仁波切這樣的人，樂於公開談論他的痊癒——一個如此不尋常的事件，並且可以精確而詳細地說明它是如何發生的。這也是爲什麼喬西波維奇醫生請求仁波切加入他在紐約大學認知神經生理學實驗室（Cognitive Neurophysiology Laboratory）團隊的研究，他們正在與經驗豐富的禪修者一起進行。

---

②在紐約市，佐蘭．喬西波維奇醫生研究修行對於大腦組織的影響，目的在於深入了解意識與自我的本質。而在非二元性機構（www.nondualityinstitute.org）裡，他帶領一個禪修科學實驗室並教授禪修。

③龍欽繞絳巴智美沃色（Longchen Rabjampa Drimé Öser）又名龍欽巴，是十四世紀藏傳佛教寧瑪派的偉大上師，也被稱為「大遍知」（Omniscient），被尊為文殊菩薩（Bodhisattva of Wisdom）的化身。

帕雅仁波切開玩笑說，躺在功能性磁振造影的機器中，就像躺在石棺中一樣，是非常不適合禪修的環境。儘管如此，在實驗中，他還是盡力在裡頭禪修；他說，躺下來並不是他熟悉的禪修姿勢，加上這台強大的機器一邊對他的大腦進行攝影而產生的噪音，並不怎麼令人愉快。但是，他仍然願意忍受這些限制，因爲達賴喇嘛不斷鼓勵西藏喇嘛將自己所學貢獻予這些神經學與禪修的研究；尤其像仁波切這樣已經累積了可觀禪修時間的喇嘛，正是最適合的人選。

「有些瑜伽修行者，」喬西波維奇醫生承認，「有時會感覺他們的頭像是被卡在洗衣機的滾筒中，以每分鐘一千轉的速度被擰乾！這種環境的確不適合禪修，而且可能不利於實驗結果。但以仁波切的情況來說，我們驚訝地看到他很快就進入了深沉的禪修狀態，展現出使他的心智完全平靜下來的非凡能力。」

對喬西波維奇醫生來說，透過大腦成像來研究禪修是一項重大的進展，從而催生出一個新興的領域，也就是冥思神經科學，而且很快就取得了前景看好的結果。的確，他們的研究一方面揭示出可觀的臨床潛力，另一方面也能爲心智現象的本質——譬如神經可塑性以及大腦表觀遺傳變化——等問題提供了答案。

全意識（full consciousness）與慈悲禪修（compassion meditation）的治療效果已無需證明或贅述，相反地，喬西波維奇醫生深具原創性的創新研究目標，在於識別出藏傳佛教中的不二禪修（nondual meditation，或稱明光禪修〔clear light meditation〕）所帶來的大腦轉變。這種極其微妙的意識狀態，被描述爲在進行思考之前就已經存在的念頭、潛在的覺醒狀態，是所有認知事件與心智過程的基礎。

「這種層次的意識，對西方科學來說尙屬未知。」喬西波維奇醫生如此評論，「大腦成像的研究讓我們了解的關聯性，包括了意識的神經元關聯，或是不同類型的冥想所造成的大腦活動與組織的改變。然而，舉例來說，研究尙無法徹底地解釋明光的本體狀態；但是對意識的每個狀態來說，都有一種相對應的神經元關聯性、或說最小的一組特定神經元活動。從這個前提以及大腦功能的最新發現出發，我們已經建立起一個理論框架，並在位於上頂葉（superior parietal lobe）的楔前葉（precuneus）中辨識出一個大腦區域的網絡；這個區域似乎形成了明光的神經元關聯性。正在考慮進行的其他研究，旨在掌握與冥想的不二層面有關的更複雜變化：當這些變化遍及整個大腦，從而顯示出它們如何在大腦網絡中進行整合。」

明晰的意識，是否成功地從喜馬拉雅山的神祕洞穴來到了紐約市的高科技實驗室？

「這種研究是每天都得接受的挑戰，」喬西波維奇醫生遺憾地觀察到，「科學機構指責我們利用科學來強化原始的宗教信仰，禪修冥想者有時也責怪我們利用他們以及他們的傳統來成就我們的研究，而並未尊重他們修行的深義。數個世紀以來，人們爲此不斷探索禪修冥想經驗以及印度教、佛教中不同學派的哲學思辨，無法被輕易地轉化爲西方認知科學的學術用語。對我來說，我認爲最大的挑戰是意識的定位。」

親眼見證並有著深刻理解的喬西波維奇醫生，以堅定的信念述說著他的大腦成像研究充實了他的見聞，使他見識到瑜伽修行者竭盡畢生修行之力，只爲了能夠在死亡的時刻進行修行，讓明光爲他們照亮通往中陰的道路。當身體與心智分離時，的確就像一層面紗被撕開了；本初的純淨智慧不再被感官知覺與心理產物掩蓋，而反映出光芒四射的慈悲能量。所有的佛教密續及論述，都以極其精微的方式在描述這樣的狀態，或像蓮花生大士說明自然明光的奇觀：

這個自發的「明光」，
無始以來就不曾被生過，
它是本覺之子，而本覺也沒有父母——多妙啊！
這個自發的智慧，
不是任何人創造的——多妙啊！
它沒有經歷生的過程，
本身也沒有死的成分——多妙啊！

雖然它是那麼明顯可見，
卻沒有人見過它——多妙啊！
雖然它在六道裡輪迴，
卻不曾受到傷害——多妙啊！
雖然它存在於任何人身上的任何地方，
卻不曾被發現——多妙啊！
而你卻繼續想從別處證得別種果報——多妙啊！
即使它原本就是你的，
你卻往別處去尋找——多妙啊！

二十一世紀的出家人

從紐約市回來之後，我讓這段記憶的印象沉澱下來，一個不屬於我的過去，但我的心智必須加以回顧，才能將它轉化為文字。我回想在仁波切陪同下探索紐約市：曼哈頓、布魯克林及皇后區的天際線與城市景觀；貝爾維尤醫院的走廊，我們一起來回在那裡踱步；以及與我不認得的人會面，他們在仁波切剛開始來到紐約市的那段艱難時日、復原階段，以及他在美國首次授課時關心並支持他。我讓自己踏上他生命的這些道路，這些道路帶領我遠離自己、進入未經探索的領域；但另一方面，這些道路卻又帶我更接近了自己，讓我發現美好人性與崇高思想的極致教導，因爲它們都擺脫了心理的面紗。

我讓自己完全沉浸於帕雅仁波切生命的無形維度之中，再藉由敏感的記憶管道返回現實，無止盡地重溫著影像、文字、凝視及沉默。我所經歷的那些時刻，開始與仁波切的心智產生共鳴，他的故事開始在我的故事中成形，交會在一條軌跡上：從喜馬拉雅山的高峰到曼哈頓的摩天大樓，在地球極其古老的永恆不變之地與脆弱的西方（失落了根）未來主義的創造物之間波動。

隨著帕雅仁波切一生的故事輪廓變得愈發清晰而鮮明，我的問題也變得愈發明確。當我們交談時，我彷彿親眼見證了西藏多年來的沉默與自我檢討的崩解；有天，仁波切承認：「達賴喇嘛說時代已然改變。二十一世紀的出家人必須說明他們達成的修行成就，否則，沒有人會聽他們的意見；我們以往總是對最樸實、謙遜的人致上最崇高的敬意。我們認爲一切都了然於心之後，就無須多言了。因此，智者總是保持緘默。如今，情況卻正好相反。」

然而，我還有另一個請求。我也想傾聽他的童年故事，因爲我感覺他生命頭幾年的歲月必然掌握了必要的理解關鍵。剛開始，仁波切像是愣住了：我為什麼會對那段時期感興趣？他打算講述的是他從三十七歲開始的故事，從他來到紐約市發病開始。我顯然擅闖了一個私密領域的邊界。

我向仁波切解釋，達賴喇嘛告訴過我他的成長過程。達賴喇嘛毫不猶豫也毫無拘束地開懷大笑，向我述說他如何跟他哥哥在前往拉薩的肩轎上爭吵，而當他們粗魯、不協調的動作使得腳伕無法保持穩定時，他總是能讓他哥哥受到懲罰。他也告訴我，他會在他母親位於羅布林卡的居所吃水煮蛋；他常常在早上離開布達拉宮，下定決心不在黃昏時回去。達賴喇嘛還分享了其他類似的有趣插曲，全都來自他栩栩如生的回憶；而我也希望仁波切可以告訴我他曾經是個什麼樣的孩子，我想跟隨他的腳步走過他還是青少年、年輕僧人的時期，來說明這段為他的療癒鋪設好道路的過程。我不可能寫出脫離現實的故事，然後假裝故事主角的生命是從將近四十歲才開始。

仁波切認眞地考慮了我的請求。達賴喇嘛的例子幫助他克服了他的含蓄與保留。毫無疑問，他回想起那些時期的趣事時開始咯咯笑，也有助於讓他不再拘束，改變了他一開始對講述自己過去不感興趣的態度——直到現在，他才終於敞開心房。接下來，我甚至不必開口詢問，他便主動地分享了一個又一個的趣聞軼事，構成了故事的網絡；那些是他從未分享過的回憶，甚至不曾告訴過他的親朋好友。我十分感謝他的信任，我們同意，未經他的許可不會發表任何文字內容。一旦撰寫完成，我們也將逐字重讀整份手稿。

截肢孩童的西藏，人性火炬的西藏

我第一次聽到帕雅仁波切的名字是在華盛頓特區。當時，羅伯特．瑟曼邀請我去演講，同時翻譯達賴喇嘛傳授的內容，他正爲參與者進行時輪金剛大灌頂。我每天都很早到，在上午六點之前；達賴喇嘛在場的兩個星期中，我都在令人陶醉的儀式樂音中禪修。沒有幾個人在天剛破曉時就入場，而且還坐在第一排；但有一位漂亮的年輕女子就坐在我的鄰座，她有著動人的臉龐。

桑妮雅．蒂塔．普奧波羅（Sonia Tita Puopolo）告訴我她的非凡故事。她是二〇〇一年九月十一日那天，第一架撞向世貿中心的飛機上一位受難者的女兒，她的手指上戴了一枚有著好幾排閃閃發亮鑽石的戒指；這枚訂婚戒指是在那場悲劇發生後的兩年，才在世貿遺址的瓦礫堆下被發現，當時，這枚戒指竟然完好無缺地戴在她母親的手指上。這項令人難以置信的發現，幫助桑妮雅克服了喪親之痛；她將這項發現視爲奇蹟，象徵著來自彼岸的母愛。克服苦難的經驗啓發她寫出一本書《桑妮雅的戒指：十一種方法療癒你的心》（*Sonia's Ring: 11 Ways to Heal*

Your Heart），書中明列出我們一生中都會經歷的九一一狀況，並引用了全世界的各種智慧傳統，回答以下問題：當所有事物都崩解了，我們如何面對這樣的狀況？我們如何找到保持希望的理由？我們可以如何改變苦難？

在華盛頓特區，桑妮雅告訴我帕雅仁波切的故事。他的故事是當前西藏悲劇的一部分，在那裡，截肢是一種政治的現實。我第一次去達蘭薩拉的西藏兒童村時，達賴喇嘛的妹妹吉增．佩瑪（Jetsun Pema）介紹我認識了多傑才旦這位害羞的少年，他的臉龐不時因喜悅而發亮。他在五歲時就不再是個孩子了。當時，他的母親把他託付給走私者，為的是讓他能加入尊者達賴喇嘛發展起來的印度流亡藏人社區；他母親希望他可以成為僧侶，得以脫離最悲慘的業力。於是，走私者收了他母親微薄的兩千人民幣（不到三百美金），原本應該把他帶到加德滿都的親戚家。他們沿著狹窄的山徑穿越喜馬拉雅山屏障、一路來到「地獄峽谷」，再往邊境的樟木鎮前進；藏人、中國人、尼泊爾人、印度商人及來自世界各地的遊客，全都齊聚在這個邊界城鎮中。

但走私者趁著夜色昏暗，在海拔將近一萬七千英尺處的聶拉木通拉（Nyalam Tong La）隘口附近拋下了多傑才旦。當他醒來時，他發現自己孤身一人，躺在一塊平坦的石頭上，就像小小的雪王子，瑟縮在他那羊皮襯裡的楚巴下就要凍僵了，而他的脖子上也只圍了一條色彩繽紛的圍巾。他在那裡待了兩天，沒有水也沒有食物，身體在冰冷刺骨的寒風中愈來愈僵硬；後來，這個小男孩聽見一陣響徹天際的刺耳嗡鳴聲，他奮力站起身來，向這台天賜的直升機揮舞著他的五彩圍巾。機上的乘客看見了他，於是讓飛機降落在附近，他才因此獲救。

拯救了多傑才旦的這對遊客，把他送到加德滿都的美國醫院接受治療；他的腳因為凍傷，所有的腳趾都得被截肢，因此，他必須重新學習如何用小小的皮革矯正鞋（放在他的網球鞋中以支撐他的腳）走路。但比起其他西藏孩童，多傑才旦已經算是幸運的了；在喜馬拉雅雪原中，他們如果沒有喪命的話，往往不是失去一隻腳、就是失去一隻手。

當我第一次見到多傑才旦時，才十三歲的他已經展現出英雄般的反抗勇氣，堅定地對我說道：「沒有腳趾、待在印度的達賴喇嘛身邊，也好過有全部的腳趾、待在拉薩！」

截肢孩童的西藏。

人性火炬的西藏。

在世界的屋頂，不論男女、少壯、僧俗的生命，都做出了最壯烈的犧牲。在全世界的默許之下，他們只能選擇犧牲自己，以緩慢而痛苦的死亡折磨來抗議、抵禦中國強大的獨裁政權。二〇一一年九月二十六日，格爾登寺的十八歲僧人洛桑貢確（Lobsang Kunchok）在西藏東部的阿壩自焚；中國人民武裝警察部隊撲滅了他身上的火，然後把奄奄一息、燒成焦炭的他帶走。六個月之後，二〇一二年三月，流亡者的消息來源指出，洛桑貢確的雙手與雙腳都被截肢了，目前被拘留在一間軍醫院中；但儘管只剩下一口氣，他還是無法免於被施虐、毆打和慘無人道的對待。他的幾個家人也同樣受到監禁與折磨，被指控共謀了被視爲是「危害國家安全罪行」的自焚。

當我聽到帕雅仁波切的故事時，對我來說，他因中國警方肆意逮捕的暴行而造成的壞疽，彷彿象徵了西藏人民被剝奪六十年基本自由權的苦難，以及偉大的西方民主並未承擔捍衛普世人權之責的背棄。然而，仁波切的復原也涉及了佛經的神祕層面。

《大佛頂首楞嚴經》

在佛陀的眾多前世中，有許多例子提到他捨去四肢或身體的一部分來奉獻給飢餓的眾生，因爲布施是圓滿覺醒之道的第一步。在無條件限制的情況下，這種布施甚至可以截肢的形式來達成；當奉獻的目的是爲了眾生的利樂，它就成了一種聖化靈魂的最終犧牲。

舉例來說，佛陀前世中有一世曾爲盧波伐帝公主；有一天，她割下自己的乳房去餵一個營養不良的女人，這個女人正要吃掉她的新生嬰兒。在另一世，佛陀化身商人之子錢德拉普拉巴，在強烈慈悲心的驅使下，他到千人塚，把自己的身體捨給了無數餓鬼；餓鬼們以猛禽之形現身，先是啄走了他的眼珠子，然後將他分屍並吞食得一乾二淨。

佛陀也曾是年輕的婆羅門梵天普拉巴，犧牲他的手臂去餵食飢餓的母虎，等到母虎恢復了氣力，他把自己的身體捨給母虎，讓牠給五隻幼虎塡飽肚子。這種以捨身爲目的的截肢，正是走向圓滿覺醒的起始步驟；而經過每次的斷捨截肢之後，佛陀又恢復了他肉身的完整性。

《大佛頂首楞嚴經》又是另一例，帕雅仁波切的故事讓我馬上聯想起這部經書中說明的例子。這段經文描述了佛陀在覺醒之前是苦行者香提法定，也就是「忍辱仙人」。有天，羯陵伽（Kalinga）國王與他的朝臣一起出獵，就在離這位苦行者禪修所在不遠處的森林（也叫香提法定的一座森林）中。當他的后妃看見這位苦行者時，她們被他散發的平靜光采迷住了；沉迷於狩獵的國王後來發現，她們都匍匐在他的腳下、汲取他的話語時，國王被無法控制的妒忌沖昏了頭，指控這位棄世者想勾引她們。國王試圖點燃這位忍辱仙人的怒火，遂接連砍下了他的耳朵、鼻子及四肢；最後，這位森林中的智者這麼回答國王的挑釁之舉：「如果我完全滅除了內心的怒氣，願我的手腳立刻長回來證明這一點！願我的身體再度變得完整！但如果我撒謊，內心仍然有著怒氣，願我的手腳再也無法與身體重聚！願我的鼻子與耳朵再也長不回來！」

隨著他說完這些話，他的身體便完整地重建了起來。見證到這樣的異象，國王指控這位苦行者是魔鬼，於是他揮舞著佩劍，砍下了他的頭；但就在這一刻，守護神對他降下了一陣雹暴，他被擊潰了。於是，未來的佛陀祈求這位國王能被拯救；他原諒了國王，並承諾他一旦自己圓滿證悟了，必將引領他走向覺醒之道。這項誓言成眞了。就在悉達多王子成爲覺者釋迦牟尼的這天，他從苦難中解救出來的第一個人，就是那座森林中的施虐者，也就是羯陵伽國王。

在我親眼見到帕雅仁波切之前，從我聽過的與他有關的故事，我發現自己想到的是佛陀在他的數個前世中所展現的慷慨、無條件的布施。怎能不這樣聯想呢？我深爲這位喇嘛的心智力量感動，這讓他得以逃離中國監獄，並以受傷的腳踝穿越了喜馬拉雅山。我深爲他的慈悲力量感動，這賦予他大能，讓他得以重建罹患壞疽的腳踝。我也深爲他的寬大心量感動，這讓他原諒了折磨他的人，並爲他們祈禱。要達到如此境界，意味著無條件的愛與深度圓滿空性所結合的精神；如果帕雅仁波切尚未超越他對自己身體的貪著，他怎麼能避免截肢或死亡——壞疽帶來的無可避免的結果？

他的禪修之所以有如此成就，是因爲他圓滿地體驗了眾生一體並且相互依存的緊密聯繫，如果一個人無法將這種體驗融入經驗的智慧之中，那麼錯覺幻相與自我依戀就無法讓宇宙能量被導引進入體內，並與內在的氣結合；然而，唯有透過這樣的過程，仁波切才能爲他罹患壞疽的右腳踝重建軟骨、骨頭及組織。今日，仁波切絕對可以肯定的一點是，他的康復僅代表了相對目標的實現，覺醒才是最終的目標。

帕當巴桑傑的祈禱咒語

不僅如此，隨著我逐漸揭開帕雅仁波切的非凡故事，他的康復亦呼應了一場嚴重影響我的健康長達七年之久的神經系統疾病。這項病症從一九九八年開始影響我，但我諮詢的醫生全都無法為我做出診斷，因為我的症狀就像罹患了腦瘤，但磁振造影卻照不出個所以然，檢查結果為陰性。

「你的皮質好得很！」放射科醫生手上拿著放大鏡、仔細檢查我的大腦X光片時這麼說。我鬆了一口氣，但由於檢查不出任何結果，無法確定是什麼原因導致我產生這些症狀，也無法提供我任何治療。在無法找出任何身體的因素之後，醫生建議我尋求精神科的治療，但我拒絕了；我曾經被開立強力的抗精神病症藥物，而服用這種藥物使我在大白天就會陷入昏睡。因此，沒多久我就停止服用了，並改採順勢療法與針灸，但成效並不顯著。於是，我只好不斷地看各式各樣的醫生。

這種情況持續到我接受了這個健康問題以及它所導致的日常問題，並與之共存為止。奇怪的是，我並不認為這項病症會使我筋疲力竭、消耗殆盡——雖然正常來說應該是如此；相反地，我堅信這項疾病會自行損耗消退，而且等到時機成熟，我一定會遇到能幫助我恢復健康的治療師。抱持著這樣的信念，我學會如何與這些影響健康的症狀共存，同時繼續將時輪金剛從梵文譯成法文的工作。透過這項工作並結合我在達蘭薩拉格爾登寺所學，我得窺密續的博大精深；而我生病的體驗，也成了對我的禪修極有助益的一項要素。

二〇〇三年的某一天，我剛好看到一張照片，照片上是一位喇嘛醫生與修行者，奈達．辰格桑（Nida Chenagtsang）醫生；⑤我直覺他能治癒我。他教授傳統的西藏醫學，也就是庫乃（ku-nye），一種可以刺激能量體的按摩方法。兩年之後，二〇〇五年的秋天，我參加了他的一場咒語治療研討會，之後，我也請求他爲我進行按摩治療。

奈達醫生幫我把脈，遵照傳統藏醫問診流程走了一遍，然後做出了結論：沒有任何按摩會對我的病情有幫助；但另一方面，他建議我念誦一種特定的咒語，他教我如何念誦，並且說明修習咒語的情況與條件。儘管既困惑又有些失望，我仍然嚴格地遵循了他的建議。二〇〇五年十一月，在一個新月升起的漆黑夜晚，我念誦了這句十六個音節的梵咒一共六千次；在黑暗中念誦時，我讓中間的暫停聽起來像是吸氣聲，消除心理的限制，並把心智建立在愛與非凡的基礎上。

⑤奈達．辰格桑醫生畢業於拉薩的醫學院，並於二〇〇六年成立了國際傳統藏醫學會（International Academy for Traditional Tibetan Medicine，www.iattm.net）。

接下來的幾個星期，症狀不但消失了，而且沒有再出現過。我被治癒了。由於渴望深入這個主題，我開始研究咒語治療（咒語瑜伽〔mantra yoga〕的一種醫療版本），並將奈達醫生的教導翻譯成法文；經過幾年修習之後，他允許我把這構成咒語治療基礎的療癒咒語傳授給他人。在西藏，這些咒語雖然從未取代醫療，卻被視爲覺者心中的珍寶；在人們生病或走到生命盡頭時，這些咒語可以給予他們支持，而且效果斐然。如果符合正確條件的要求，這些咒語可以治癒身體，我的情況正是如此；不過，終極的療癒才是眞正的目的。

當我終於在二〇一三年五月見到帕雅仁波切，他問我關於那治癒我的咒語；我告訴他，我仍然固定在新月之夜念誦這咒語，它是屬於大悉達帕當巴桑傑的療癒教法傳承。我有一幅帕當巴桑傑的肖像，他的頭髮是瑜伽修行者般的髮髻，戴著一串骨製的項鍊，敲擊著一面密宗的法鼓、吹奏著由人的股骨製成的笛子，邀請魔鬼、惡靈、迷失的靈魂都來接受智慧甘露的供養。

帕雅仁波切微笑並保持沉默。當我問他是否熟悉帕當巴桑傑與這項咒語時，他再度微笑不語，依舊什麼也沒說。一年之後，仁波切告訴我，他被認證爲這位成就殊勝的修行者之化身。因果業力的力量，是多麼深不可測、不可思議啊！由我們未知的業因與條件而生成的業果，隨著時間久遠醞釀而暗暗化現，逐漸被賦予具體之形。而當它成熟時，沒有任何障礙可以阻止它顯現。

比對日期後，我注意到我與仁波切的道路已經在這一生交會了數次。第一次是二〇〇三年在菩提伽耶，達賴喇嘛開示佛法的一場集會中；後來是二〇〇八年在達蘭薩拉，二〇一〇年在印度南部，以及最後二〇一一年在華盛頓特區。我們數次在同一天、同一個地方親炙昆敦的教誨。我們或許看過彼此，但並未眞正認識對方；當我表示驚訝時，仁波切只是這麼回答：「因緣條件尚未集結齊備，我們在許多前世遇過彼此許多次，如今，時機到來，我們在這一世有重要的事必須一起完成。」

八年前，帕當巴桑傑進入我的生命，以他的咒語治癒了我的身體。如今，帕當巴桑傑以帕雅仁波切的身分回來了；在他最初以最終療癒爲主題的教導中，他承諾：「佛無須朝你身外或遠方去尋求，覺醒的本性就在你的內心之中，只是你還不知道如何去觀看你的內心，因爲你仍然太過於重視顯現在你身外的外在世界。覺醒，就在你的呼吸可及之處。」聽到這裡，我的聲音開始顫抖，很難完成這段翻譯。我已經從其他上師那裡聽過這類話語，但由於仁波切的覺醒經驗，他的教導引起了我內心的共鳴。於是我知道，他可以引導我找到修行道路上的隱藏之心。

在文字語言與觀想的覆蓋下，每一種禪修練習都埋藏著深奧的祕密，基本要素仍然深藏其中，沒有任何文字語言能夠展現、揭露其精義；直到有一天，當心理狀態終於澄靜下來，將以一種與本初智慧合而爲一的意識狀態——化現成經驗，從而揭示出心智的神祕本質、最終的上師。再也沒有任何祕密可言，一切皆不言自明。

當這種直覺出現時，儘管我們幾乎互不相識，我仍然接受了帕雅仁波切的請託：「蘇菲亞，你為達賴喇嘛寫了《第十四次的旅程：達賴喇嘛的心靈之旅》⑥跟《我對世界的呼籲》對吧？或許你也可以為我撰寫我的療癒故事？唯有等到這本書被寫出來後，我才會完全康復。」

⑥ Sofia, you wrote the Dalai Lama's Spiritual Autobiography：達賴喇嘛與蘇菲亞・史崔－芮薇，《第十四次的旅程：達賴喇嘛的心靈之旅》（New York: HarperOne, 2010），以及達賴喇嘛與蘇菲亞・史崔－芮薇，《我對世界的呼籲》，塞巴斯蒂安・侯賽奧（Sebastian Houssiaux）譯（New York: Tibet House, 2015）。

2

異乎尋常的強大療癒

萊昂內爾．庫德隆（Lionel Coudron）醫生的醫學觀點

「帕雅仁波切覺得被貝爾維尤醫院的醫生們放棄了。」

這是萊昂內爾．庫德隆醫生在開始閱讀帕雅仁波切的病歷頭幾頁時，隨即做出的評論。仁波切認爲，爲了評估他的非典型康復案例，前往拜訪萊昂內爾．庫德隆醫生是個好主意；這位醫生曾經出席他在巴黎的第一場演講，而我們有幸在之後與他會面。

我的目光對上庫德隆醫生那蔚藍深邃、極爲療癒的雙眼。我們來到他位於巴黎伊耶拿大道的辦公室，這裡也是瑜伽治療會館的總部，庫德隆醫生在一九九三年成立了這個機構。走到他的辦公室之前，必須先穿過一間有著鏡面牆壁的圓形大廳，行經這個空間時會讓人不由得聯想到，一個人來到這裡就是爲了讓自己的眞實自我被一覽無遺地揭開；這面鏡子就像經由禪修而沉澱平靜下來的心智，在毫不抓取任何事物的情況下，反映出世間的一切表相。

「我很歡迎罹患重症的病人來我這裡，醫院爲他們提供了嚴苛而吃力的醫療程序與方案，因此他們想以瑜伽取代醫療，使自己恢復健康。我雖然身爲瑜伽老師，但仍然是一位醫師，所以我會告誡他們：其他人來找我時也曾經提出相同的要求，遺憾的是，他們已經無法在這裡談論這件事了。」

庫德隆醫生提供了一項陪伴計畫，認爲他的責任就是不放棄他的病人。他認爲，是否接受

化療或放療是病人的責任，但如果他們停止這些治療，他會提醒他們相關的風險；然而同時，他也會做出極爲寶貴的承諾：待在他們身邊，陪伴他們一起經歷疾病的艱辛過程。我暗自思忖，他的病人能遇到像他這樣的醫生，必定有著極大的福報。庫德隆醫生深知如何調整一個充滿能量活力的靈性維度，幫助他的病人啓動他們所有的療癒潛能。

「我在巴黎聽過帕雅仁波切的第一場演講『透過禪修來療癒』（Healing through Meditation），我馬上就產生了極大的興趣。」庫德隆醫生回憶。

當時，坐在會場後排的庫德隆醫生對仁波切的演講內容愈聽愈入迷；他說：「仁波切的故事使我深受感動，他帶著微笑、十分專注地向幾百個人講述他獨一無二、令人難以置信的經歷；我內心深處可以感受到，他給了我們不同凡響的見證，而且是以一種盡可能簡單、自然到令人瞠目結舌的方式！」

庫德隆醫生毫不猶豫地把帕雅仁波切的康復稱爲「奇蹟」，他從未看過「如此強大的現象」；他說：「儘管我曾經有幸記錄過兩次癌症病患無法解釋的康復經驗，讓我明白任何事情都有可能發生；但是，我從未看過一項病變發展成這樣的結果，而按照正常的進程來說，它應該是致命的。遺憾的是，我見證的往往多爲災難——當某些我認識的瑜伽老師拒絕了傳統的醫療方式。雖然對奇蹟現象與安慰劑效應的研究讓我知道，我們的身體天生就具備了它需要療癒與自我療癒的一切，仁波切的證言仍使我深感興趣。」

我很驚訝聽到一位醫生會使用奇蹟這個字眼，因爲對仁波切來說，他的痊癒即便牽涉到精微能量，仍是落在嚴密邏輯的範圍之內；仁波切觀想的氣脈以及掌控的氣，都被記載在瑜伽體的解剖圖上，跟人體的解剖圖一樣精確。他的療癒過程並非突然發生，不能跟盧爾德（Lourdes）或法蒂瑪（Fatima）瞬間發生的神蹟相提並論。三年來，仁波切持之以恆地進行有條理步驟的禪修，成功地重建他罹患壞疽的腿與破碎的脊椎。因此，我建議以詞源的意義「值得一看的事物」來理解奇蹟這個字眼；我對庫德隆醫生說：「奇蹟是反射不可見事物的一面鏡子。宛如難以想像之物的倒影，奇蹟也反映出難以言喻之物。奇蹟不就是讓我們超越言語去觀看、超越想法去思考嗎？」

庫德隆醫生同意：「當我說到奇蹟，我眞正的意思是指令人大爲驚奇且無法預測的事件，而不是基督教語意上、來自外部干預產生的那種奇蹟。這就是爲什麼我喜歡談論日常生活中的小奇蹟，生命就是最偉大的奇蹟，宇宙與它的誕生、意識、日出、下雨，都是與一連串始終讓人難以置信的事件密切相關的奇蹟。人類也是一項奇蹟，這一切都值得我們熱情驚嘆。從這個意義上來說，仁波切的康復是奇蹟，生命及其可能性的奇蹟，讓我們不得不再度深感驚異。」

我曾與其他醫生談到帕雅仁波切的康復，他們驚訝的是，仁波切花了三年時間才痊癒。而他們會感到驚訝，無疑是因爲他們無法將他的康復歸類成全世界各種宗教記載的那種自發性奇蹟。

「爲什麼他不是馬上痊癒？」他們懷疑地質問。而庫德隆醫生建議重新陳述這個問題爲：「爲什麼是馬上痊癒而非三年之後才痊癒？馬上痊癒會更好嗎？會說服更多人學習禪修嗎？」

他繼續說道：「就我個人來說，我完全不相信；相反地，如果他馬上痊癒了，那就應該被歸類到『不可能』的範疇之中。以帕雅仁波切的例子來說，與我們所有人更密切相關的一點在於，發生在他身上的事是堅持不懈的禪修結果，而非極度熱切、一絲不苟的信仰；他讓我們看見一條可行的道路，落在透過訓練即『可能』發生的範疇之中。如果我說，我從來沒踢過足球，而我第一次參加足球比賽，就跟全世界最好的球隊對決並且射門得分；那麼，沒有人會相信他們也有可能跟我一樣達成這項目標。顯然這種特例不會再出現了。相反地，如果我解釋我開始踢足球之後，經過多年的訓練成爲全世界最好的前鋒，那麼每個人都會認可，這樣的過程也可能複製到其他人身上——即使他們知道自己無法成爲最好的前鋒、無法對上全世界最好的球隊，但他們仍然可以訓練自己到最佳水平，享受踢球與射門的樂趣。

「帕雅仁波切的例子也是如此。以他的康復這件事來說，重要的並非他的目標，而是他爲實現目標採行的這條道路，在於養成慈悲以及善待身體的專注能力；這不可能像變魔術一樣，也不可能瞬間發生。帕雅仁波切讓我們看見一條藉由不斷修習而精進的道路，如果我們走上這條道路，自然也會有成果出現；這不是碰巧發生，而是透過訓練。如果我想攀登聖母峰，我需要大量的訓練；如果我只想在山區徒步旅行幾天，或許不那麼複雜的簡單訓練，對我來說就足夠了。而帕雅仁波切讓我們看見的正是如此，他所做的事，是每個人在他們日常生活中都做得到的；如果我願意練習冥想、進行禪修，即便只是短短時間，我都能看到這項練習帶來的好處。但是爲此，我必須坐下來、了解自己的狀況，並且決定去改變它。」

藉由慈悲來療癒

爲了闡釋這個現代科學無法說明、也無法解釋原因的事件，庫德隆醫生提出打破典型教條的假設：「我們現有、自然的神經生理過程可以完美解釋仁波切是如何康復的，儘管這些神經機制仍然被大多數人誤解。否則，是怎麼發生的呢？你能想像在我所有的學習過程中，從來沒有人教過我情感是什麼！在醫學院，從來沒有人教過我們身心有著密切的關聯性，肌肉與情感、想法與免疫系統之間存在著複雜的溝通網絡。以帕雅仁波切的情況來說，即使發生在他身上的事並非常態而是特例，我們還是可以做出若干假設；當他的病情已然超出身體的正常或平常療癒能力所能負荷時，他可能從而觸發了自己內在的某種療癒工具。沒錯，正常情況下，我可以療癒自己身上某個有著數百萬病菌的傷口；但若是有數十億個病菌、或甚至有某種特別致命的病菌非我的療癒能力所能及，我身體的防禦功能就會被擊潰。」

在貝爾維尤醫院，我遇到一位治療過仁波切的醫生，他聲稱是抗生素拯救了他；然而，仁波切堅信事實剛好相反，他深受抗生素治療帶來的副作用之苦，抗生素治療打亂了他整個新陳代謝系統，從而導致了甲狀腺功能低下、嚴重的肝炎與胃病。從某種精微的程度上來說，這種藥物的影響已然深入到氣的循環層面，仁波切必須以他的禪修來糾正這種不平衡的現象。我問庫德隆醫生，這種抗生素治療是否可能對仁波切有幫助；「或許吧，」他回答，「但是這一點我們完全無法確定。我們可以知道的是，壞疽的發生是因爲受傷之後，傷口受到了感染；一般情況下，抗生素的治療並不足以抑制壞疽，而必須伴隨著『清理』傷口的局部治療，也就是外科醫生會清除掉壞死的部分。」

他繼續說：「那就是爲什麼根據醫療報告來看，有鑑於這種『不可逆』的破壞趨勢，仁波切必須截肢。醫生們面對的是嚴重的壞疽，惡臭的氣味代表組織正在不斷地腐爛，關節組織也被徹底、深入地破壞，這些病狀在X光片上顯而易見。儘管使用抗生素可以減緩病情的進程，但這樣的疾病通常會帶來敗血症，從而導致患者死亡。仁波切的病歷中提到醫生爲他開了安滅菌（Augmentin）這種抗生素，遺憾的是，對他的病症並未產生效果；這說明了他的病情每況愈下，也說明了他們爲什麼會建議截肢。一旦仁波切拒絕了這個建議，從那一刻起，醫生們就只願意爲他治療胸膜炎與骨結核病了，因爲他們不再爲他的壞疽擔負任何醫療責任。我們必須了解的是，仁波切必得經歷兩個不同的步驟才能完全康復：一方面，停止感染；另一方面，重建腳踝！這意味著，即使爲治療結核病而開立的抗生素成功地抑制了感染（而事實上情況並非如此），這些抗生素也不可能重建組織。這是爲什麼我們可以肯定，療癒的發生絕非抗生素治療的功勞；使仁波切得以痊癒的眞正原因，是他在禪修上所下的密集而精深的功夫。」

我詢問庫德隆醫生，身體的化學作用、免疫系統的生理機制以及心智之間有何關聯性。以仁波切的例子來說，某種非物質的能量強化了他身體的防禦機制之最大潛能，並且動員了他身體的所有資源；這些防禦機制與資源在他接受治療的數月以來，始終沒起過任何作用。那麼，從醫學的觀點來看，我們可以如何解釋仁波切設法恢復了自我療癒能力這件事？

對庫德隆醫生來說，答案就在仁波切禪修的內容之中：自他交換法指引了通往扎隆的修習之道。他說：「在像這樣的情況下，當心智充滿利益他人的愛、善意及布施之心，身體會處於最佳的運作狀態；體內所有的流動都被強化並賦予力量，處於積極的動態之中。當我們可以透過禪修持久地保持在這種狀態下，那麼，我們就準備好了。」

對庫德隆醫生來說，扎隆這項方法是療癒過程的加速器，而這項過程又結合了專注於慈悲的禪修。他解釋：「扎隆是以重新啓動體內的精微氣流爲基礎，當我們不適時，這些氣流也被堵塞住了。透過觀想以及充滿關愛與善意地關注我們的身體，專注在出現疾病的部位上，我們可以極爲明確地誘發出眞實的生理作用。藉著正面而積極地觀想我們的身體如何運作，我們的大腦與身體都會啓動，使得療癒得以進行。自他交換法使人得以處於最佳的配置狀態，而扎隆則宛如雷射般引導必要的能量，身體從而分泌出療癒所需的物質。雖然涉及心智，但禪修只有在完全顯現於身體時，才能眞的有效。對於尋常人來說，這種禪修狀態的本質轉瞬即逝，尚未穩定的心智使他們很難在日常生活中保有這樣的狀態；因此，帕雅仁波切對此抱持著保留的態度，並且希望將扎隆的修習方法只傳授給他特別訓練過的修行者。由於他所受的訓練以及個人卓越的才能，他能夠動員他的身體以及心智的資源，做到紐約醫生視爲不可能的事。他們全都建議截肢，無一例外。」

我說道，大部分人並不熟悉扎隆，但以敞開心房爲基礎的慈悲冥想，是在絕大多數人能力所及之範圍內，而且同樣深具療癒效果。庫德隆醫生也同意：「慈悲禪修將身體置於其防禦與調適功能最大化的狀態，從而創造出最理想的動態。藉著每天修習數小時的自他交換法，仁波切使他的身體得以持久地保持在療癒能力發揮到極致的狀態；誠然，這並不是說每個罹患了結核病或壞疽的人，都能藉由禪修而痊癒，但對仁波切來說正是如此。他的傷口、感染和壞死的部位並不是突然之間就能朝正確方向有所進展，這絕非偶然，而是熱切專注且極不尋常的修習成果。」

庫德隆醫生解釋，由慈悲禪修引發的狀態，可以如何使免疫防禦系統及白血球繁殖倍增；因此，大量的白血球（或稱白血細胞）即可消除造成感染的細菌並排出死去的細胞，清除碎裂的軟骨、壞死的骨頭碎片及所有已然無作用的組織。舉例來說，當白血球吸收持久性椎間盤突出（herniated disc）的尖端、潰瘍的膿液或骨頭的壞死組織時，它們就是在做這些事。他說：「所有這些療癒的能力就在這裡，就在我們的身體之中。仁波切無條件的慈悲狀態，使得這些能力得到了最充分而有效的發揮！」

對慈悲的療癒力量進行的科學研究

我試圖去理解令貝爾維尤醫院的醫生們對仁波切的康復感到難以理解的疑問。我向庫德隆醫生提問：「除了傳統的治療方法，我們能如何解釋，透過慈悲，被敗血性關節炎摧毀的距骨與脛骨平台得以再生？通常需要骨移植才能達成這樣的結果。你認為自他交換法的修習、與扎隆有關的修習以及軟骨的再生之間，有什麼樣的關聯性？而且這項病情的改善，還是發生在醫學預期壞死的範圍會愈來愈廣、甚至伴隨著全身性敗血症的出現之際？」

庫德隆醫生從醫學角度提出了修習慈悲禪修可能帶來的影響，能符合現代人對免疫力的理解：「透過自他交換法的修習，可將人的身體置於最佳的狀態下，而透過扎隆禪修冥想的修習，又可將所有的能量集中於亟需這些能量的身體部位；如此一來，帕雅仁波切即可供給他的組織、軟骨、骨頭中的幹細胞產能，以進行自我複製並重組成他所需要的物質。在我們身體的每個細胞之中，都存在著身體所有部位的組件；確切說來，仁波切並未重建出一個全新的腳踝，而是關節功能被重新還原。以DNA鏈的形式呈現的基因遺傳，將染色體中的所有細胞都有系統地編碼；對每個細胞來說，儘管身體所有部位的組件都存在它的細胞核中，但只用上了一小部分。每個部分——對應細胞要形成的組織——都透過『停頓與繼續』（stop and go）的遊戲規則來自我表達，而無用的基因會被凍結。所以如果說細胞要形成的組織是骨頭，那麼骨頭的編碼基因部分就會自我表達出來。正常情況下，只有幹細胞有能力分化成任何其他細胞；從理論上來說，透過這種『停頓與繼續』的機制來重組我們身體的患部是有可能做到的，只是我們還不知道如何確實做到這件事。」

庫德隆醫生停頓了一下，以極為謙遜又有些困惑的態度繼續解釋，仁波切的現象超越了當代醫學知識所能理解的範圍：「這真的是奇蹟，因為實際上來說，這是不可能的；某種不尋常的情況發生了，使得仁波切的細胞能更有效地對抗極具侵略性的細菌，同時轉化幹細胞並使其分化成骨頭與軟骨，重建因壞疽而壞死的腳踝……而這種不尋常的情況之所以發生，正是因爲他的禪修。」

沉默了幾分鐘，庫德隆醫生繼續說明；他堅信我們都具備了自我療癒的能力，但必須爲此創造出良好的條件，身體必須處於內心平靜並充滿喜悅的狀態。身爲瑜伽禪修的實踐者，他有時會在不開立任何外部處方的情況下，利用某些療法來刺激病人發揮自身的內在療癒能力。他說：「無論是針灸、心理治療、瑜伽、禪修冥想，這些方法都不需藉助外在的工具去動員我們內在的資源，從而激發療癒——事實上，自我療癒本來就是一種正常的狀態！因此，我會將病人置於對他們最好的身心狀態下，讓他們能夠自行呈現出更好的一面，並且讓他們的療癒潛能得以被釋放出來。我會提供的建議包括了遵守生活節奏、健康的生活方式、飲食的保健法，就像任何醫生一樣盡我所能去協助病人。藉著動員內在的資源，我看到人們如何在經歷多年的創傷後壓力症候群後，終於可以重新恢復正常生活；我注意到他們的睡眠恢復正常，或是因嚴重關節炎而導致的膝蓋疼痛消失了。對我來說，這些都是生命中的小小奇蹟，也是令人寬慰的實例，證明了存在於我們的肉體與靈魂核心的這項非凡工具，可以爲我們隨心所欲地使用。因此，我們可說是在生活中實踐了生命的奇蹟。」

根據庫德隆醫生所言，激發自我療癒的最佳療法與進程，無疑還是慈悲禪修。無論是初學者或是進階的禪修者，我們所有人都可以接受這樣的禪修訓練，以提升自我信任的能力。

「但我很堅持的一點是，」庫德隆醫生提醒，「這並不是說我們要就此放棄所有的醫療解決方案，譬如罹患癌症時把化療放在一邊，心肌缺血時不服用抗心絞痛的藥物，該服用抗精神病症藥物時卻拒絕服用。相反地，我們應該做的是，在能使我們保持最佳狀態的所有情況下持續前進。如果帕雅仁波切能夠痊癒，這意味著，我們可以從他的實例中學習，發展出我們自己的療癒方法，儘管我們不一定能夠比擬他所達成的驚人成果；但是，他讓我們看到了方法，激勵我們超越自我、改善我們的生命。禪修冥想，是每個人都能做到的一件事；而正如他的積極實例告訴了我們，這一點因爲兩個原因而顯得愈發重要：它不僅能幫助禪修冥想的修習者，也能鼓勵他們與他人建立起更爲良好的關係，從而發展出非比尋常的幸福感。這條道路遠比目標更爲重要。如果我們願意踏上這條內在轉變的道路，我們自己以及周遭的人也都會從中受益。」

在我們的談話中，庫德隆醫生始終展現出眞誠的喜悅之情。後來，他仍繼續審視帕雅仁波切的病歷報告，並在隨後幾天寄給我一份深度水準皆十分驚人的書面報告；他指出仁波切的療癒有其獨特性及方法上的優勢。這份報告的部分內容如下：「雖然我憑藉著自己在醫學領域接受的科學訓練，忍不住想在仁波切的病歷報告中找出瑕疵與漏洞，結果卻是徒勞無功。我懷疑是否有什麼地方是醫生漏看了，或是仁波切的病情並沒有那麼嚴重？但實際上並非如此，一切都明確無誤，沒有任何問題。帕雅仁波切確實在二〇〇三年五月入院……並在六個月之後出院……按照他自己主動提出的意願；他也的確拒絕了醫生們建議的手術。這些檢查的確顯示出一項重大的風險，也就是他的關節已然被不可逆地破壞了，如果不截肢，終將危及生命。」

庫德隆醫生也重新檢視了最新的X光報告，沒錯，療癒的狀況出現了，這顯然跟所有最初的醫學假設大相逕庭。如今，帕雅仁波切狀況良好，兩條腿依然健在；他可以跟以前一樣正常行走，所有的檢查都顯示出，他原先壞死的部分被完整地重建起來，使他能夠恢復原有的正常生活。

爲了理解促成他痊癒的完整機制，我們無疑需要接受慈悲的訓練，就像西藏喇嘛特別被傳授的那種訓練。對慈悲的科學研究也顯示了同樣的結論，尤其是洛杉磯加州大學醫學教授史帝芬·柯爾（Steven Cole）與他的同僚發表於二〇一三年的一項研究①，證明了慈悲善意對免疫系統產生的正面影響，遠比任何其他情感都來得強大。正如庫德隆醫生所述，我們身體中的每個細胞都包含了我們遺傳密碼中所有的兩萬一千個基因；但根據每個細胞的功能，有些基因會被抑制，意思是當其他基因會自我表達時，這些基因不會。特定的情感或狀態也會影響基因的表達，我們知道壓力會助長導致疾病的基因表達，而快樂會激發促進良好身體機能的基因表達。史帝芬·柯爾的研究顯示，快樂的原因也有影響，他並將享樂式的快樂（hedonic happiness，或說人因滿足了自己的渴望而立即感受到的愉悅）與至善式的幸福（eudaimonic happiness，或說人因對他人的慈悲或善行而感受到的愉悅）區分開來。根據這項研究顯示，享樂式的快樂或愉悅體驗類似於壓力，會導致促炎性症狀的加重以及抗病毒活動力與抗體的下降！人們通常認為，得到你想要的事物會對你的健康有幫助，但根據史帝芬·柯爾的研究，事實並非如此，而且甚至可能是有害的！在此之際，至善式的幸福體驗會略微增加促炎性的基因表達，同時強化抗病毒的基因表達，從而產生抗體。

史帝芬·柯爾做出了結論：「這項研究讓我們看見，做好事與感覺好，對基因組會產生截然不同的影響。即使兩者都能產生程度類似的正面情感，但人類的基因組對於我們用來實現快樂或幸福的方式，似乎遠比我們的心智來得更為敏感。」

幾天之後，庫德隆醫生對這項研究的結果做出回應；他告訴我：「這正是我想從帕雅仁波

① In particular, one study was published in 2013 by Steven Cole：芭芭拉·弗雷德里克森（Barbara Fredrickson）等，「從功能基因組觀點看人類福祉」（A Functional Genomic Perspective on Human Well-Being），《美國國家科學院院刊》（*Proceedings of the National Academy of Sciences*）110卷，33期（二〇一三年八月十三日），doi: 10.1073/pnas.1305419110。

切的教導中保留的部分，也是他的療癒故事要告訴我們的。它的意義，在無條件慈悲的面向上表露無遺。」

療癒與冥思神經科學

帕雅仁波切知道他的故事以及愈來愈多關於慈悲正面影響的證據，將會導致另一個截然不同的問題：不切實際的期望。人們來找他，希望被奇蹟般地治癒。然而，每個人並不相同。仁波切總是鼓勵人們遵循他們的醫療方案，他也常提到他住在加州的學生的例子：他敦促這個學生不能只靠禪修來治療她已瀕末期的癌症，因爲他知道，她並非經驗豐富或訓練有素的禪修者，尚不足以做到這一點；但是她不聽他的話，所以當她的健康無可挽回地惡化時，他深感悲傷。

將帕雅仁波切的證言詮釋爲鼓勵人們放棄所有的醫療照護，或是完全依靠禪修來療癒，是一項謬誤。正如仁波切經常提及的，已發表的冥思神經科學的相關研究報告②，雖然做出了大腦可塑性使我們能夠訓練並實際改造大腦的結論，但也需要經驗豐富、精通熟練的禪修者，也就是已經禪修了一萬到五萬個小時，致力於養成慈悲、利他、專注和正念的禪修者。

經驗豐富的禪修者會展現出一種特殊的能力，能自發性地形成並保持精確、強大、持久的心智狀態；這些狀態可以在大腦的某些特定區域被辨識出來，而且只有透過心智訓練才能做到，就像運動員的技巧與成就，與練習的時間多寡息息相關。截至二〇一四年爲止，仁波切已經完成了將近八萬個小時的禪修，這個數字遠遠超過研究中的禪修者所完成的時數。此外，仁波切爲療癒科學與內在瑜伽開設的三年課程中，也包括了量化練習的時數；禪修者被要求記下他們每天花了多少個小時在蒲團上。誠然達成特定時數的禪修並無法保證禪修者能產生良好的覺醒正念，但倘若沒有規律的訓練，就什麼都不可能發生。這是進步的一項決定性標準。

醫學，付出的藝術

在冥思神經科學上的發現著實令人鼓舞。這些研究加入了利他的基本面向，證明即使不是訓練有素的禪修者，也可以從專注於愛與慈悲的禪修冥想所帶來的積極影響中受益。舉例來

②該計畫是以法國的弗朗西斯科・瓦雷拉（Francisco Varela）最初進行的研究為基礎，其後由麥迪遜（Madison）的理查・戴維森（Richard Davidson）與安托萬・盧茲（Antoine Lutz）、舊金山與柏克萊的保羅・埃克曼（Paul Ekman）與羅伯特・列文森（Robert Levenson）、普林斯頓（Princeton）的強納森・科恩（Jonathan Cohen）與布倫特・菲爾德（Brent Field）、哈佛的史蒂芬・科斯林（Stephen Kosslyn）及蘇黎世的塔尼亞・辛格（Tania Singer）繼續進行下去；這些名字只是最為人所知的研究者，我們還可以加上馬修・李卡德（Matthieu Ricard），他不但致力於向大眾推廣這些研究的結果，更作為實驗的對象積極參與這些研究。

說，一天只要花二十分鐘，就能減輕焦慮與壓力；而對於患有嚴重憂鬱症的人來說，也能降低病症復發的風險。如果大腦有規律地被刺激，那麼大約三十天的時間就足以讓神經元的功能產生改變。

「帕雅仁波切的證言關乎我們所有人，」庫德隆醫生強調，「儘管他的故事非比尋常且引人注目，即使我們接受禪修訓練的程度遠不如他，但對我們大多數人來說，這個方法仍然是可行的；同時，他教授的方法也可以完美地爲治療提供支持，讓我們一方面能善加利用治療的最大好處，另一方面能抵消不良的副作用。」

我問庫德隆醫生，是否有一天，醫學知識與帕雅仁波切正在法國教授的療癒內在科學可能會有交集？庫德隆醫生很肯定這樣的結果，他回答：「對醫療照護團隊來說，醫學與禪修之間的互補當然是可能的，這也符合了帕雅仁波切的願望。當代的研究正朝著這個方向發展，而禪修冥想的治療效益也愈來愈廣爲人知。在尚・杰拉德・布洛赫（Jean-Gérard Bloch）醫師的倡議下，史特拉斯堡大學（University of Strasbourg）的醫學院甚至提供了一個名爲『醫學、冥想與神經科學』（Medicine, Meditation, and Neurosciences）的大學學位。」

我告訴庫德隆醫生，帕雅仁波切跟我在史特拉斯堡見到了尚・杰拉德・布洛赫醫生，他跟精神科醫生吉爾斯・貝茨奇（Gilles Bertschy）一起爲心理學家與神經科學的研究人員進行一項訓練計畫，結合了禪修冥想與理論思考；這項計畫是爲醫療照護專業人士設計，內容涉及意識、心智的本質、身心的關聯性等主題，並包括了哲學、醫學史、心理學、精神病學、內分泌學及免疫學的跨學科課程。

「在醫學院的學術與制度框架內，以這種方式來認識禪修冥想，」布洛赫醫生對我們解釋，「證明了今日我們對於這種基於身心互動經驗的知識，興趣有增無減。在健康照護的醫療框架之中，不會有以禪修冥想來取代西方醫學的問題，而是結合兩者並使其潛能以整合醫學的全面性方式，互相激發到最大化的程度。」

布洛赫醫生以謹慎而肯定的態度述說著，我可以從他的話語中感受到他極爲開闊的胸襟以及對他人展現的高度尊重；他並未試圖將他的想法強行加諸於他人身上，這正是實踐禪修的成熟表現。我詢問他，他曾經接受過誰的訓練?當他提到塔拉布仁波切（Tarab Rinpoche）時，我深受感動；透過他，我可以感受到這位啓發他的靈性上師的存在。塔拉布仁波切是夢瑜伽造詣深厚的禪修者，也是博學的哲學家以及佛學辯證法的大師。夢瑜伽指的是能夠跟隨著睡夢中意識所行的神祕路徑。他曾受希臘與丹麥的彼得王子邀請，在一九六二年時前往丹麥授課。

塔拉布仁波切在哥本哈根大學與丹麥皇家圖書館擔任了三十多年的研究員與講師，並以相互依存的模式爲基礎，即佛教智慧的基石，發展出一套全世界通行的思想流派；他的教育課程名為「二元性中的一元性」（Unity in Duality），根據布洛赫醫生的解釋，這與冥思神經科學三十年來的科學發展不謀而合。不過，眞正將禪修冥想與科學及醫學整合在一起的第一個人是喬・卡巴金（Jon Kabat-Zinn）教授；一九七九年時，他在麻薩諸塞大學醫學院開設了「基於正念的減壓」課程，如今已成為史特拉斯堡大學的「醫學、冥想與神經科學」學位之基礎。

萊昂內爾・庫德隆醫生同意布洛赫醫生所言，如今的研究調查數量倍增，研究的不僅是禪修冥想引起的生理變化，還包括了有益健康的各種好處。他說：「即使我們有時感覺像是跨出了一大步，但它仍然是一項緩慢而漸進的工作；我相信這本書將有助於促成、活絡這一切，從而吸引更多的讀者。仁波切的證言為這個議題加上了一塊堅實的基石，證明它在今日激發了愈來愈廣泛的興趣。」

為了將我們內在的資源釋放出來，我們擁有簡單的方法可為我們所用，這些方法簡單易行而且易於實現。帕雅仁波切敦請我們改變我們的心智，不要等到生病的時候再來做這件事，尤其不要拒絕現代醫學提供的任何協助；他以讓人深為信服的方式，向我們證明了專注於慈悲心的禪修，就是一條通往療癒的道路。

我同意庫德隆醫生所說，仁波切對他的迫害者展現的仁慈與寬恕以及他充滿愛的心智，使他戰勝了壞疽與骨結核，這無疑鼓勵我們在日常生活中發揮更多的善意。他以身作則的例子也啓發了我們，讓我們可以擁有更健康、健全、快樂的生命，不僅是爲了我們自己，也是爲了我們周遭的每一個人。身體疾病的療癒可以是邁向最終療癒、偉大覺醒的一步。

在我們談話時，庫德隆醫生坐在他辦公室裡一幅藥師佛畫像的下方，這尊藥師佛周圍圍繞著祂的化現，亦即致力於解脫眾生苦難的藥師七佛。他的慈悲言語與充滿善意的態度，與卡盧仁波切（**Kalu Rinpoche**）的教導不謀而合；對這位偉大的上師來說，療癒的藝術就是付出與親近神聖的藝術：

> 如果有兩位醫生，一位滿懷慈悲，另一位則否③；兩位給予病人相同的藥物，那麼吃了前者給予藥物的病人，會比吃了後者給予藥物的病人好得更快。這只是因爲，前者的藥物中充滿了愛與慈悲的力量，一種極爲強大的力量……
>
> 在印度，有一位智者名叫阿底峽，他來到西藏弘揚新的佛法教義。
>
> 有一天，阿底峽的手患了病。阿底峽有一個弟子叫仲敦巴，他只是一個單

③ If two doctors, one in a spirit of compassion, the other not：引自卡盧仁波切，《藥師佛與其壇城》（*Le Bouddha de la médecine et son mandala*）（Marpa Editions, 1998）中新的英文翻譯。

純而忠誠的俗家弟子，但與阿底峽很親近。

阿底峽要他把自己的手放在他的手中，然後對著手吹氣。仲敦巴回答：「當然不行啊，我沒有任何治病的能力，完全起不了任何作用。」

阿底峽告訴他：「因爲你有這麼多的愛與慈悲，所以我很確定，如果你把我的手握在你的手中，然後向我的手吹氣，它就會好了。」

仲敦巴於是向阿底峽的手吹了氣，阿底峽的手疾也眞的痊癒了。

結語：這一世，以及生生世世

當你寫完這本書時，我才會完全康復

二〇一四年七月二十一日，我們來到了達蘭薩拉，仁波切希望在我們完成這本書時可以來到這裡。

早晨的天空在季風雲的掩映下顯得陰沉，雲層蓋住了豔陽、也遮蔽了熱氣。陡峭的道路上乍現道拉達爾山（Dhauladhar）山脈頂峰景致，黑色花崗岩與灰色板岩的寬闊剖面高聳，覆蓋著永不消融的積雪；斜坡往下到中途處，披掛著成堆成團的杜鵑花與夾竹桃，還有簇擁著九重葛的溝壑。隨著我們逐漸往上攀升，我喜悅地迎接首先映入眼簾的喜馬拉雅雪松；縱觀歷史，意指「神樹」的喜馬拉雅雪杉（devadaru 或 deodar）為智者在他們漫長的苦行期間提供遮蔽與保護，並以宛如焚香般的微妙香氣，為他們開啓通往靈修之境的門戶。雪松的樹幹上覆蓋著大片深褐色的鱗狀塊片，邊緣有著黑色的環狀物，整株樹高聳入天際。

薄層的瀝青路持續環繞著多岩支脈的斜坡，棲息於茂密森林中的雙峰若隱若現，吸引了我們的目光。達賴喇嘛的私人寺院尊勝寺，坐落於第一座山峰上；他的住所則像鷹巢般，歇棲於第二座山峰上。自從我們離開坎格拉山谷（Kangra Valley）以及昔日有著輝煌風華與傳奇宮殿的大君之城（Maharaja）後，我與仁波切的對話始終十分輕鬆愉快；但隨著我們逐漸接近昆敦五十年前流亡至此的所在，我們也變得愈來愈沉默。仁波切收攝了心神，撥動著念珠，在我們進入達蘭薩拉的西藏區時，輕聲念誦著觀世音菩薩的咒語。

這座喜馬拉雅小鎮，現在已經完全被印度商人的投機熱潮淹沒；這種現象甚至影響到尊勝寺昔日保存完好的郊區。在愈來愈高、愈來愈多建築物的建築工地上，看起來比實際年齡更顯蒼老的印度婦女與蓬頭垢面的孩童，頭上頂著裝滿磚塊、碎礫、沙石的沉重籃簍。新的飯店、餐廳、商店的建造，是為了歡迎近年來愈來愈多來訪的遊客；人們為了這裡的佛學課程，從世界各地蜂擁而來，成千上萬地圍繞著達賴喇嘛。當他想要使他們開悟而非要他們改宗時，他啟發了他們對生命的追尋，並幫助他們培養內在平靜來創造快樂之因。

黃黑相間的計程車以及電動三輪車彼此推擠、熙熙攘攘地前進，在沿著山坡延伸的單車道上狂按著喇叭。

「我們甚至設法有了交通堵塞，這不就是發展的一項標準嗎?」桑東仁波切（Samdhong Rinpoche）①詼諧地說，他莊重親切的眼中閃過一絲促狹而淘氣的光芒。

儘管現代化的觸角已然延伸至達蘭薩拉，我仍然可以在尊勝寺發現相同的意識振動，不變、強大、解放而自由。當地的動物也浸淫於這樣的振動之中，譬如鷹、隼、烏鴉，不知疲倦地繞著大圈，在昆敦住所的上方盤旋；或者像是寺廟中許多僧侶的狗，會在僧侶旁邊坐上好幾個小時，帶著平靜的溫順與貓般的沉著，牠們不會在白天吠叫。但是等到夜幕落在高山上，知了興高采烈地唧唧鳴叫，牠們就會在山谷裡展開無止盡的高談闊論；牠們是否能以自己的方式理解僧侶們以相同熱情實踐的辯論藝術？

抵達達蘭薩拉的第二天，黎明以歡悅的金黃與深紅光影到來；我回想起仁波切的話語，他重複說過兩次。第一次是他請我撰寫他的痊癒故事，第二次是六個月前在紐約，他說：「當你寫完這本書時，我才會完全康復。」

完全康復？這到底是什麼意思呢？我們待在達蘭薩拉的時日結束時，答案終於揭曉。

我們坐在沿著環寺徑的長椅上，那是一條環繞昆敦住所繞行的儀式小徑；我們極目遠眺，俯瞰著坎格拉山谷。小徑兩旁都是懸掛在樹梢的經幡旗以及傳出銅鈴聲響的轉經輪，藏人不論

---

①桑東仁波切自一九五九年以來一直是達賴喇嘛流亡的同伴，他與吉杜．克里希那穆提（Jiddu Krishnamurti）十分友好；他在二〇〇一年到二〇一一年間擔任過西藏流亡政府的總理，也是聖雄甘地之後「非暴力抗爭」的代言人。

男女老少都在這條小徑上來回走動，以接受他們深具魅力的領袖加持；一旁，尊勝寺僧侶學院傳出的深沉音聲則與鐃鈸、藏鼓、號角、骨笛演奏的樂音悠揚共鳴。現在是農曆六月，僧侶們正在進行勝樂金剛的殊勝法會並製作沙壇城，這是讓仁波切得以療癒的扎隆修行基礎。在這裡完成這本書十分合理，我們回到了一切開始的地方。

為了另一個新的開始。

「在這一生，我有三大使命。」仁波切沉思後，這麼告訴我。「首先，身為人；其次，身為佛法的導師；再者，身為喇嘛，傳承的持有者。身為一個人，我十三歲時就將我的生命獻給了眾生。因此，根據我對這個世界的體驗，我對所有因業力成熟與而與我相遇的人，都抱持著一種開放、信任、自然而然的歡迎態度；我遇見的每個人，都不是陌生人。在他們當中，我發現了我的兄弟姐妹；身而為人，我們內在都擁有覺醒心智的珍寶，那就是我們的仁慈善意與內在轉化的非凡潛能。

「將心打開，是我所傳授的法教基礎。我始終致力於引導學生進入心智無邊無際、涵蓋了宇宙與眾生的遼闊空間。開啓心的禪修關乎每個人，佛教徒與非佛教徒皆然；因為這樣的禪修可培養人類的基本價值觀，包括愛、仁善、慈悲、寬恕、人權以及和解。倘若心無法開啓，我們的道德標準將無法體現，而且極可能轉向偏狹、不寬容的心態。遵循心所指引的道路，始終有助辨識出仁善與轉化的潛能，而仁善與轉化正是我們人性的特質。如果我們能從內心生出無條件的愛，那麼即使是在我們當中最殘酷的人身上，我們都能看出這種愛的基礎；那些人的作爲殘忍而不人道，因爲他們無視於自己的眞實本性。開啓心使我們如此熱愛眾生，以至於我們每天都愈來愈熱切渴望去幫助他們，讓他們得以離苦得樂。

「在我致力於減輕世間苦難之際，我尤其對有些母親因難產死亡的命運深感關切；這樣的不幸也曾發生在我姐姐身上，就在她二十六歲生我的侄兒時。在西藏的偏遠地區或是位於印度的西藏區，許多母親就像她一樣缺乏資源，沒有分娩之後以及撫養孩子所需的照護；這是雙重的不幸，亦即母親們和小孤兒們的不幸。因此，我此生的第一大使命，就是教導人們心的道德準則，並執行一項人道主義的計畫，照顧即將成爲母親的女性並協助她們子女的教育，尤其是女孩；最貧困的女孩應該要能接受更高等的教育並被賦予等同男性的地位，這一點至關緊要。『當一個女人被教育了，整個民族都被教育了。』這是出自傳統智慧的一句諺語，女性是進化的關鍵，也是爲人類開創更美好未來的關鍵。」

藥師佛在他的十二大願中，誓願要幫助爲女百惡之所逼惱、極生厭離、願捨女身的女人；他也承諾要引領她們走上圓滿覺醒與證悟的道路。所以當我聽到帕雅仁波切的第一項使命與這個誓願緊密相契時，我深受感動；他將慈悲作爲的力量，投注在對母親及其子女的服務上。

仁波切繼續說：「身為佛法的上師，我有第二項使命。這項使命也與苦難有關，但這次不是在相對層面上，而是在最終層面上的苦難，亦即苦因；我們所有痛苦的根本原因，就是根本的無明。我們對現實的錯誤理解，使得毀滅性的心態得以繼續下去，譬如憎恨、貪著、慾望、疑忌及瞋恚。這些情感使得苦難不斷地循環下去，使我們拒絕接受快樂。因此，我的使命就是堅持不懈地教導人們，藉由征服我們內在的敵人來使自己從無明中解脫。深信自己困於逆境或災厄之中，是一種可怕的幻覺；出現在我們身外的敵人，正是我們無法控制的心智向外的投射。而當我們克服了自己所有的心魔之後，就再也沒有任何事物能影響我們了。

「佛陀的一生即提供了好幾個完美掌控心智力量的最佳範例。有一天，他的表兄弟提婆達多出於妒忌，設計一頭最兇猛的大象來攻擊他，以為這頭動物會用牠的長牙刺穿他或用沉重的象腿踐踏他；但是，當大象走近這位覺者時，牠竟然跪了下來。後來，在佛陀證悟的那個晚上，死神波旬派出狂風來對付這位偉大的禪修者；但儘管狂風的暴怒足以將樹木連根拔起，卻連他長袍的一個衣摺都沒有弄皺。於是，波旬召喚來足以毀滅大地的暴雨；然而，暴雨連佛陀衣物的一絲一縷都沒能弄濕。最後，波旬命令他的軍隊來摧毀這位覺者，但他們射出的箭一碰到佛陀的身軀，就變成了花朵；從他身上發出的光芒宛如一面保護盾，使得刀劍斷了、斧頭也裂了。這就是心智安住於本初平靜的力量。從我早年開始在果洛寺接受的訓練，加上我不尋常的療癒經驗，現在，我必須特地教導寧靜心，因爲這教法揭示了心智無窮無盡的療癒力量。如果可能的話，我想鼓勵治療師與醫生們將人類的靈性層面納入他們對疾病與照護的理解中，這是我身爲佛法老師的第二項使命，因爲要讓我的療癒完整，我就必須把自己奉獻給眾生的究竟療癒。我誓願要以眾生之名療癒，蘇菲亞，這個誓願已然藉由這本書的見證而實現，我跟你分享此生的經驗，目的是爲了幫助我的讀者更清楚地認識自己的心智力量。」

帕雅仁波切的話語，宛如大師從慈悲之心發出的呼喚般迴響不已，將我們包圍在一股強大的共振當中，影響的範圍超越時空、無遠弗屆，並且在世界的記憶中共鳴著，不但在這一世，更迴盪於生生世世。

「最後，」仁波切說，「身爲傳承的持有者，我還有第三項使命。我被認證爲第八世帕雅仁波切，我必須保持並維護這項靈性傳承的起源，同時讓我傳承的記憶得以維繫下去，包括在我之前將生命奉獻給眾生的傑出上師。因爲我是阿什寺的法座持有者，得到宗喀巴的心舍利（heart relics）的加持，那是藏人冒著生命危險、從紅衛兵的破壞中搶救出來的。在過去幾年中，多虧了我的學生們慷慨解囊，我才得以重建宗喀巴的寶殿；不久之後，我希望能成立一項贊助計畫，以確保阿什寺的僧侶們每天的飲食都能充足無虞。

對仁波切來說，不去維護他的神聖世系之傳承職責，是無法想像的一件事，因爲這項職責就跟他的生命一樣珍貴。當他在達賴喇嘛的居所前提到他的靈性傳承時，我深受感動；因爲密不可分的因果業力使然，達賴喇嘛在二十年前即認證他爲這個偉大傳承的第八世化身。

鳥兒展翅的沙沙聲響吸引了我們抬頭搜尋，只見一隻鷹隼在我們上方盤旋著。牠是來此見證仁波切應允此生必將實現三大使命的承諾嗎？

「蘇菲亞，謝謝你寫下我的故事，」帕雅仁波切說，「我也從而完全地痊癒了，因爲一切、每一件事都已經被付諸行動了。有了這本書，依照十一年前我在醫院病榻接獲來自昆敦的訊息，現在，該是我教導世界如何療癒的時候了。」

帕雅仁波切療癒大事記

摘錄自曼哈頓貝爾維尤醫院的醫療報告

二〇〇三年

五月二十三日

放射科

全身性骨質缺乏。

踝關節明顯骨蝕與骨碎片化，包括脛骨平台以及距骨背，懷疑爲敗血性關節炎。跗骨並未清楚可見，似乎大部分已經融合。

檢查結果疑似踝關節的敗血性關節炎，並顯示出跗骨間關節的融合。

六月四日

骨科

右腳踝疼痛/腫脹以及持續四週有化膿的分泌物，X光片顯示感染性關節炎伴隨著踝關節毀損。建議病人採取膝蓋以下截肢手術，但病人拒絕了；目前開立安滅菌治療，使用枴杖行走，下肢不承重（NWB，non-weight-bearing）。

六月十二日

感染科

無發燒，無全身性感染症狀。

右腳踝數年前骨折，骨頭已壞死，但病人拒絕做膝蓋以下截肢手術。繼續以安滅菌治療（大約兩週）。病人的腳踝兩側皆有化膿，顯示骨頭深處有感染現象；儘管手術是必要的，病人仍要求繼續使用抗生素而非手術治療，因此繼續開立安滅菌並監測病人狀況，骨科也會繼續追蹤病人後續狀況。

六月十七日

爲加入「酷刑倖存者計畫」進行面談。

七月二十四日

病毒檢驗科

病人不考慮截肢，因此以安滅菌進行長期治療，直到病人狀況惡化或同意截肢。

我已與病人詳細討論過預後與可能的進程。

九月十三日

放射科

無證據顯示深層靜脈血栓形成。

右大腿肌肉明顯萎縮。

九月十四日

放射科

右側肋膜積液（pleural effusion），椎旁膿腫（paraspinal abscess）。

九月十七日

放射科

右腳與腳踝：病人的脛距關節完全破裂，距骨也幾乎完全壞死。該部位軟組織腫脹，不排除骨髓炎的可能。

涉及所有關節的蹠骨部位，產生了瀰漫性關節炎的變化。

九月十九日

放射科

感染性肋膜積液。

九月二十日

放射科

全身性骨質缺乏。腳踝關節仍有明顯骨蝕與骨碎片化現象，包括脛骨平台與距骨背部位。

檢查結果顯示有骨髓炎以及敗血性關節。

九月二十二日

細胞檢驗報告

椎旁積液。

淋巴球爲主的滲出性肋膜積液。

十月六日

醫學診所——門診醫療照會紀錄

呼吸急促明顯而頻繁，肋膜炎引發胸痛。腳踝也因引流增加而疼痛（泰諾〔Tylenol〕溫熱敷）。

肋膜炎與背痛，伴隨著椎旁膿腫以及滲出性肋膜積液。肋膜生檢（Pleural biopsy）有肉芽腫。

右腳踝嚴重腫脹。

波特氏病引起的神經壓迫造成背痛。

十月十四日

骨科

X光：踝關節已完全損壞，病人的右腳與腳踝有慢性感染。

將病人轉介給物理治療師，以便以其他膝蓋以下截肢與裝設義肢的病人爲參照對象。

骨科診所與之前的會診都建議病人接受膝蓋以下截肢手術，因爲足部的清創術會使踝關節與足部無法行動。

十月二十二日

骨科

波特氏病，結核病，肋膜炎。

酷刑倖存者計畫的翻譯人員/社工一同前來。非常關心病人右腳踝的慢性破壞性關節炎。

骨科醫師想爲他截肢，因爲沒有足夠的活組織可供治療或保存之用。

經長時間討論裝設義肢的可能性。

病人需進行膝蓋以下的截肢手術，但在最後決定之前，希望能進行更多的結核病治療。

十一月二十六日

胸腔——門診醫療照會紀錄

病人看了院外的骨科醫生。因爲腳踝損壞與感染問題無法擱置一旁（感染可能再次發生），重建的可能性極爲有限，截肢可能產生最佳的功能性結果。

十二月十五日

醫學診所——門診醫療照會紀錄

第二型（Type II N）糖尿病

脊椎結核病

貧血

肝功能異常

二〇〇四年

一月二十一日

放射科

右內腳踝部位的孔洞化與骨膜炎，似乎自前次二〇〇三年九月二十日檢查以來已有某種程度的癒合；此外，整體骨密度似乎變得更均勻，稍早檢查中發現的某些斑點狀全身性骨質缺乏，已有間隙的消除。

診斷：右踝關節有慢性破壞性關節炎，與敗血性關節炎的臨床診斷一致。

七月七日

胸腔——門診醫療照會紀錄

右腳踝明顯改善，已不疼痛。大部分時間可以不用枴杖行走。

九月八日

胸腔——門診醫療照會紀錄

右腳踝持續改善，已不疼痛。大部分時間可以不用枴杖行走。

九月二十九日

胸腔——門診醫療照會紀錄

右腳踝持續改善，已不疼痛。大部分時間可以不用枴杖行走。

腳踝得到最佳改善後，後續將加入矯具協助。

狀況持續進步中。

上腹部有灼痛感。

十二月二十九日

胸腔——門診醫療照會紀錄

右腳踝大幅改善，已不疼痛。大部分時間可以不用枴杖行走。

二〇〇五年

二月十六日

胸腔——門診醫療照會紀錄

右腳踝持續改善，已不疼痛。可以不用枴杖行走兩到三個街區，疼痛才會停下來。

三月三十日

胸腔——門診醫療照會紀錄

右腳踝持續改善，已不疼痛。可以不用枴杖行走兩到三個街區，疼痛才會停下來。

四月八日

胸腔——門診醫療照會紀錄

脊椎結核病已痊癒。

四月二十日

放射科

右腳踝的圖像顯示下脛骨關節邊緣有些不平整的部分，以及後方足骨的骨蝕現象，包括距骨、跟骨和若干跗骨。距骨的其他部分有些不平整，某些部位有骨碎片化。

六月十六日

醫學診所——門診醫療照會紀錄

長達兩年的多種抗生素治療結束。

九月六日

醫學診所——門診醫療照會紀錄

病人現在可以行走到五個街區之遠，唯受限於右腳踝的疼痛。可站立兩個小時，無明顯疼痛感。傷口癒合良好。

九月三十日

醫學診所——門診醫療照會紀錄

椎間盤區中央骨被破壞的部分略有減少。觀察結果與脊椎結核病逐步痊癒的進展一致。

十二月二十七日

矯具門診醫療照會紀錄

病人能用一根枴杖行走十個城市街區，適合使用固定的踝足部支架（AFO，ankle foot orthosis）。

二〇〇六年

一月九日

醫學診所——門診醫療照會紀錄

行走能力顯著改善。

停止肺結核用藥前一週，病人報告指出嘔吐物中有一點血。

二〇〇九年

二月九日

醫學診所——門診醫療照會紀錄

病人一年多來行走都沒有任何問題。

二〇一三年

一月二十八日

醫學診所——門診醫療照會紀錄

舊有的傷疤，之前的壞疽已然癒合良好。

二〇一四年

十一月四日

庫德隆醫生要求檢視右腳踝X光檢查報告。

距骨背、脛骨平台和脛骨下部的骨壞死。

脛骨與剩下的距骨之間有一個新的關節生成。跟骨看起來很正常。

帕雅仁波切的協會

藥師佛得度林

帕雅仁波切與蘇菲亞．史崔－芮薇於二〇一三年在巴黎近郊的厄爾河谷，共同創辦了「藥師佛得度林」，亦即「藉由傾聽藥師佛而得解脫的園林」，是一個致力於自然生命的保護區，也是野生鳥類與天鵝的棲息地。在這個佛法的教學中心，帕雅仁波切開始教授邁向奢摩他的九步之道；這項為期三年的課程計畫叫做「體驗平靜與內在療癒」，學生必須累積特定的修習時數才能晉級至不同的階段，課程內容安排學生修習扎隆，也就是讓仁波切得以療癒的內在之氣瑜伽。已有五百人參加了這項計畫，課程由一位教學人員引導，根據西方的生活方式以及每位參與者的時間表加以調整。詳細資訊可於下列網站查詢：www.phakyabrinpoche.org。

西藏母子國際組織（Tibet Mother & Child International, TMCI）

這項計畫仍在規畫階段，旨在實現帕雅仁波切希望能幫助年輕藏族母親的願望；她們可能在西藏或流亡至印度，並未在懷孕期間或分娩之後獲得醫療照護。仁波切也想爲她們的孩子提供就學與受教育的機會，藉此來支持她們；目前，一些有限的幫助已提供給求助於仁波切的西藏家庭。

佛陀治療基金會（Healing Buddha Foundation）

佛陀治療基金會是成立於美國的非營利組織，旨在將帕雅仁波切的教導推廣至全世界，促進並成就遭遇各種苦難的人們之幸福與成長。該組織在各地推廣佛教內在科學與倫理學法教、保存獨特的西藏文化遺產，並使身爲西藏難民的母親及其子女有能力成爲健康、受過教育及經濟上可自給自足的社區成員。此外，該組織也爲西藏的阿什寺與果洛寺以及印度的色拉昧寺之營運開支提供補助經費。詳細資訊可上下列網站查詢：http://healingbuddhafoundation.org。

蘇菲亞・史崔—芮薇的著作

除了以下列出的著作外，蘇菲亞・史崔—芮薇還錄製了CD《空行母：西藏聖詠》（Dakinis: Sacred Chants of Tibet，Sometime Studio，二〇一二年十月），並與德法公共電視台（Arte）共同創作了電影《達賴喇嘛的生生世世》（Dalai Lama: Une vie après l' autre），於二〇〇八年八月十日全球播出。

翻譯爲英文版的著作

《我對世界的呼籲》，與達賴喇嘛（New York: Tibet House, 2015）。

《第十四次的旅程：達賴喇嘛的心靈之旅》與達賴喇嘛（New York: HarperOne, 2010）。

法文著作

Sœur Emmanuelle, mon amie, ma mère, with Sister Sara, Presses de la Renaissance, 2009

Mon testament spirituel de sœur Emmanuelle, Presses de la Renaissance, 2008

365 méditations de sœur Emmanuelle, Presses de la Renaissance, 2008

Kalachakra, Un mandala pour la paix, préface du Dalaï-lama, photographies de Matthieu Ricard, Manuel Bauer et Olivier Adam, La Martinière, 2008

Mille et un bonheurs, Méditations de sœur Emmanuelle, Carnets Nord, 2007

La Folie d'amour, Entretiens avec sœur Emmanuelle, J'ai lu 2006—Grand Livre du mois 2006—Flammarion, 2005

Tantra de Kalachakra, Le Livre de la sagesse, « Traité du mandala », avant-propos du Dalaï-lama, texte intégral traduit du sanskrit, DDB, 2003

Kalachakra, guide de l'initiation et du guru yoga, enseignements du Dalaï-lama et de Jhado Rinpoché, DDB, 2002

L'Initiation de Kalachakra, texte intégral du rituel et enseignement du Dalaï-lama, DDB, 2001

Tantra de Kalachakra, Le Livre du corps subtil, préface du Dalaï-lama, texte intégral traduit du sanskrit, Grand Livre du mois 2001—DDB, 2000

Enfants du Tibet, de cœur à cœur avec Jetsun Pema et sœur Emmanuelle, DDB, 2000

萊昂內爾・庫德隆博士的著作

萊昂內爾・庫德隆博士是擁有營養學、針灸、生物學、創傷學、運動醫學及眼動減敏與歷程更新（EMDR）心理治療學位的醫師，他也教授了三十多年的瑜伽，不僅身爲「醫學與瑜伽」（Médecine et Yoga）協會的共同創辦人，更於二〇〇〇年至二〇〇四年間擔任哈達瑜伽教師學校的法國聯合會會長；目前，他任教於多所學校，訓練人們成爲瑜伽老師。他還撰寫了許多有關瑜伽與健康的參考書籍。

法文著作

Yoga—Bien vivre ses émotions Edition Odile Jacob, Paris, 2007

La Yogathérapie Edition Odile Jacob, Paris, 2010

Yogathérapie—Soigner le stress Editions Odile Jacob, Paris, 2013

Yogathérapie—Soigner l'insomnie Edition Odile Jacob, Paris, 2013

Yogathérapie—Soigner l'hypertension artérielle par le yoga Edition Odile Jacob, Paris, 2014

Yogathérapie—Soigner les troubles digestifs par le yoga Edition Odile Jacob, Paris, 2014

眾生系列　JP0209

禪修救了我的命：身患惡疾、卻透過禪修痊癒的故事

Meditation Saved My Life: A Tibetan Lama and the Healing Power of the Mind

作　　者／帕雅仁波切（Phakyab Rinpoche）、蘇菲亞．史崔—芮薇（Sofia Stril-Rever）
譯　　者／林資香
責任編輯／陳怡安
業　　務／顏宏紋

總 編 輯／張嘉芳
出　　版／橡樹林文化
城邦文化事業股份有限公司
104 台北市民生東路二段 141 號 5 樓
電話：(02)2500-7696 ext2736　傳眞：(02)2500-1951
發　　行／英屬蓋曼群島商家庭傳媒股份有限公司城邦分公司
104 台北市中山區民生東路二段 141 號 5 樓
客服服務專線：(02)25007718；25001991
24 小時傳眞專線：(02)25001990；25001991
服務時間：週一至週五上午 09:30 ～ 12:00；下午 13:30 ～ 17:00
劃撥帳號：19863813　戶名：書虫股份有限公司
讀者服務信箱：service@readingclub.com.tw
香港發行所／城邦（香港）出版集團有限公司
香港灣仔駱克道 193 號東超商業中心 1 樓
電話：(852)25086231　傳眞：(852)25789337
Email：hkcite@biznetvigator.com
馬新發行所／城邦（馬新）出版集團 Cite (M) Sdn Bhd
41, Jalan Radin Anum, Bandar Baru Sri Petaling,
57000 Kuala Lumpur, Malaysia.
電話：(603)90563833　傳眞：(603)90576622
Email:services@cite.my

內文排版／歐陽碧智
封面設計／周家瑤
印　　刷／漾格科技股份有限公司

初版一刷／ 2023 年 3 月
ISBN ／ 978-626-7219-22-5
定價／ 500 元

城邦讀書花園
www.cite.com.tw

國家圖書館出版品預行編目（CIP）資料

禪修救了我的命：身患惡疾、卻透過禪修痊癒的故事／帕雅仁波切（Phakyab Rinpoche），蘇菲亞．史崔—芮薇（Sofia Stril-Rever）著；林資香譯．-- 初版．-- 臺北市：橡樹林文化，城邦文化事業股份有限公司出版：英屬蓋曼群島商家庭傳媒股份有限公司城邦分公司發行，2023.03
面；　公分．--（眾生系列；JP0209）
譯自：Meditation saved my life : a Tibetan Lama and the healing power of the mind
ISBN 978-626-7219-22-5（平裝）

1.CST: 藏傳佛教　2.CST: 佛教修持

226.965　　112002015

廣 告 回 函
北區郵政管理局登記證
北 台 字 第 10158 號
郵資已付 免貼郵票

104 台北市中山區民生東路二段 141 號 5 樓

城邦文化事業股份有限公司

橡樹林出版事業部 收

請沿虛線剪下對折裝訂寄回，謝謝！

|橡|樹|林|

書名：禪修救了我的命：身患惡疾、卻透過禪修痊癒的故事
書號：JP0209

橡樹林文化

讀者回函卡

感謝您對橡樹林出版社之支持，請將您的建議提供給我們參考與改進；請別忘了給我們一些鼓勵，我們會更加努力，出版好書與您結緣。

姓名：__________ □女 □男 生日：西元__________年

Email：__________

● 您從何處知道此書？

□書店 □書訊 □書評 □報紙 □廣播 □網路 □廣告 DM □親友介紹

□橡樹林電子報 □其他__________

● 您以何種方式購買本書？

□誠品書店 □誠品網路書店 □金石堂書店 □金石堂網路書店

□博客來網路書店 □其他__________

● 您希望我們未來出版哪一種主題的書？（可複選）

□佛法生活應用 □教理 □實修法門介紹 □大師開示 □大師傳記

□佛教圖解百科 □其他__________

● 您對本書的建議：

____

____

____

____

____

我已經完全瞭解左述內容，並同意本人資料依上述範圍內使用。

__________（簽名）

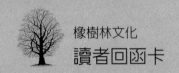